Biografische Skizzen aus meinem Leben

Lieber Leser, bevor du deinen Lebensweg beginnst, weißt du nie, wo er dich hinführt, nie, wie lange du brauchst, was die Reise in dir zurücklässt und welches der letzte Stopp sein wird.

Ein Leben wird letztlich bestimmt durch das, was du daraus machst und wie andere damit umgehen.

Es gibt nichts Traurigeres, als wenn du am Ende nach dem Sinn deines Lebens fragst!

HANS-JOACHIM HEIN

Biografische Skizzen aus meinem Leben

Bibliografische Information der Deutschen Nationalbibliothek
Die Deutsche Nationalbibliothek verzeichnet diese Publikation in der Deutschen Nationalbibliografie; detaillierte bibliografische Daten sind im Internet über http://dnb.dnb.de abrufbar.

© 2017 Hans-Joachim Hein
Satz, Umschlaggestaltung, Herstellung und Verlag: BoD – Books on Demand
ISBN 978-3-7431-0683-3

Inhalt

Die Wurzeln	7
1. Kapitel	**9**
Geburt und Vorschulzeit, erlebt am Ende des zweiten Weltkrieges	9
Geburt	9
Vorschulzeit und Flucht nach Schleswig-Holstein	12
Die Flucht	15
Ende des Krieges	25
Rückkehr und Schulzeit	27
Zur Erntezeit aufs Land	31
Im katholischen Kinderheim	34
Begegnungen am Zaun	35
Weihnachten 1953	37
Vorbereitungen zum Weihnachtsfest	41
Schulzeit	43
Zeitvertreib und Spiele zu Hause	45
Mit Peter und den Nylonstrümpfen zur Wasserflohjagd	46
Konfirmation	49
Schulexperimente in der Wohnung	51
Umzug nach Stendal	52
2. Kapitel	**57**
Ausbildung und Beruf	57
Arbeitsaufenthalt am Institut für Biophysik der Akademie der Wissenschaften der UdSSR	58

Ein Tag für ein halbes Leben	63
Weitere Arbeit und Reiseaktivitäten	74
Neuorientierung nach der Wiedervereinigung und Evaluierung	78
Ehrenamtliche Tätigkeiten	81
Im ehrenamtlichen Besuchsdienst der Krankenhausseelsorge	82
Aktivitäten im Ruhestand – ein Widerspruch?	89
Einige Charaktereigenschaften	89
Sport und andere Aktivitäten	90
Kreuz und quer durch Lettland	93
Kontakt mit dem Baltisch-Deutschen Hochschulkontor	95
Ausflug zum Rigaer Badeort Jurmala	100
Nach Klausenburg in Rumänien	106
Ausflüge	111
Die kurze Geschichte meiner chronischen Erkrankung	119
Meine Söhne Dr. med. Markus Hein und Zahnarzt Stephan Hein	122
Mein Sohn Zahnarzt Stephan Hein	125
Das Sommerhaus	125
Anekdoten der Kinder	126
Nachruf für meine Mutter	131
Meine Grabstelle	136
Am Ende das Grab	136
Quellenverzeichnis	139

Die Wurzeln

Mein Stammbaum lässt sich mit Sicherheit bis zum Jahr 1817 zurückverfolgen. Hier möchte ich aber mit meinen Großeltern väterlicherseits beginnen.

Bild 1: Richard Hein, der Großvater des Autors, zu Beginn des 20. Jahrhunderts nach erfolgreicher Jagd.

Bild 2: Die Großmutter des Autors, Martha Hein, geb. Giese, mit ihren Kindern. In der Mitte (in weiß) der Vater des Autors im Sommer 1909.

1. Kapitel

Geburt und Vorschulzeit, erlebt am Ende des zweiten Weltkrieges

Wenn ich die Geschichte meines Lebens auszugsweise erzähle, dann spreche ich über eine Reihe von Ereignissen, die im Gedächtnis und im Gefühl haften geblieben sind. Allerdings schon reflektiert und folglich nicht immer detailgetreu wiedergegeben. Erinnerungen, die sehr unterschiedlich geprägt sind durch das, was sie verursacht, und durch die Reflexionen, die sie mehrfach erfahren haben. Die Ereignisse haben aber tatsächlich in der beschriebenen oder ähnlichen Weise stattgefunden. Das möge der geneigte Leser dieser Lebensgeschichte berücksichtigen.

Geburt

Der siebente Juni 1939 war in Frankfurt/Oder ein typischer Sommertag. Es war warm, sonnig und fast ein wenig schwül. Am Nachmittag gab es vereinzelt Gewitter. Mitten in diese Zeit hinein wurde ich geboren.

Jede Geburt ist etwas Einzigartiges, Unverwechselbares, auch wenn der Ablauf viele tausend Mal gleich zu sein scheint. Man nannte mich Hans-Joachim. Da mein Nachname kurz ist, wollten die Eltern wahrscheinlich mit dem langen Vornamen einen Ausgleich schaffen.

Mit mir kam der Krieg. Im Grunde genommen hat er mein ganzes Leben begleitet und größtenteils bestimmt, auch noch, als er längst vorbei war. Zum weiteren Verlauf des Lebens nach 1945 gab es anfangs kaum Alternativen. Anscheinend ahnend, was mich erwartete, legte ich mich quer. Die Geburt war schwierig und es bedurfte der Zange, mich dahin zu befördern, wo ich hin sollte, rein ins volle Menschenleben. So hatte ich noch oft den Eindruck, dass immer dann, wenn es kritisch wurde, irgendwie eine Zange nötig war und jemand, der sie zu bedienen wusste. Der Stress des Lebens nahm seinen Lauf.

Bild 3: Winter 1939/40, der Autor mit Vater und Mutter.

Total mit Blut verschmiert, das aus einigen Wunden kam, die mir offensichtlich die Zange zugefügt hatte, erblickte ich das Licht der Welt. Oder besser, die Welt erblickte mich als einen blutüberströmten, zappelnden, hässlichen Klumpen Fleisch. Meine Tante E. wünschte, dass ich doch sterben möge. Ich muss sehr hässlich ausgesehen haben, und sie war nun mal ein Ästhet. Das erzählte sie mir alles viel später, nach mehr als 55 Jahren. Immerhin, der Anblick muss schrecklich gewesen sein. Ich war wohl quasi so etwas wie eine Miniaturausgabe von Quasimodo, zumindest war das für später zu befürchten.

Bild 4: Letztes Bild der vollzähligen Familie 1943, rechts der Autor, links Schwester Marlies mit Vater und Mutter.

Aber wie das manchmal so ist, das Leben gewann und man konnte mich richten. Nach einigen Monaten wurde die linke Schulter aufgeschnitten, um den durch eine Entzündung entstandenen Eiter zu entfernen. Die Narbe ist noch heute, nach Jahrzehnten, deutlich zu erkennen.

Ich wuchs heran, spielte wie andere Kinder auch. Aber Krankheiten haben mich noch bis zu meinem zwölften Lebensjahr begleitet. Zwischendurch besserte es sich, vor allem in den knapp zwei Jahren, die ich mit meiner Mutter und der drei Jahre jüngeren Schwester auf dem Land in Schleswig-Holstein verbrachte.

Vorschulzeit und Flucht nach Schleswig-Holstein

Ich ging sehr gerne in den Kindergarten. Aber leider nicht regelmäßig, da ich oft krank war und später die Betreuung kriegsbedingt häufig ausfiel.

Die Erwachsenen gaben sich große Mühe, uns Kinder zu beschäftigen. Unter großem Sicherheitsaufwand fuhren wir zum Beispiel im Winter mit dem Schlitten den Oder-Damm hinunter auf den weitgehend zugefrorenen Fluss. In ausreichendem Abstand von der eisfreien Flussmitte standen die Erwachsenen und fingen uns ab.

Ich wundere mich noch heute darüber, dass es geduldet wurde. Es war ein sehr gefährliches Unterfangen, wie man sich denken kann. Also war es nicht das reine Vergnügen, sondern wohl mehr eine Mutprobe. Aber von einem Unfall habe ich nichts gehört!

Kinder im Vorschulalter sind besonders neugierig und wollen alles im wahrsten Sinne des Wortes begreifen. Darin muss ich wohl sehr aktiv gewesen sein, zum Leidwesen meiner Eltern. Das Spielzeug wurde bis auf die elementaren Bestandteile zerlegt, wenn es nur eben möglich war. Wenn nicht, konnte es mich nur für kurze Zeit fesseln.

Meine Mutter nähte. Sie nähte gut und gerne. Damit hat sie uns Kinder später häufig durch die ärgsten Nöte gerettet.
Zum Beispiel interessierte mich sehr, was die auf- und absausende kleine Nadel der Nähmaschine machte. Also fragte ich und zeigte gleichzeitig mit dem Finger auf die Nadel, und rums, sauste sie durch die Fingerkuppe und zerbrach. Ein kurzer heftiger Schmerz und ein Fluch meiner Mutter folgten. Ein paar Tage war die Maschine außer Betrieb, denn es war nicht so ganz einfach, Ersatz zu beschaffen, während ich mit einem Pflaster an der Fingerkuppe des Zeigefingers zwei Tage lang behindert herumlief. Übrigens habe ich damals nie erfahren, wie das Nähen mit der Maschine funktioniert.
Als meine Mutter wieder einmal an der faszinierenden Maschine arbeitete, spielte ich im Zimmer, aber immer mit einem Seitenblick auf die Maschine beziehungsweise auf das, was die Mutter tat, als es am Fenster klopfte (wir wohnten zu ebener Erde). Draußen stand mein älterer Freund, der schon zur Schule ging und immer gern zeigen wollte, was er schon alles konnte. Sein Imponiergehabe war erfolgreich. Er fragte mich, ob ich rechnen könne. Meine Mutter nickte mit dem Kopf und ich sagte: »ja!«. Da sie etwas versteckt in der Ecke hinter der Gardine saß, konnte mein »Freund« sie nicht sehen. Sie war gerade mit einem Kleidungsstück beschäftigt, das es ihr erlaubte, an unserem Gespräch passiv teilzuhaben.
Der Junge stellte mir einfache Rechenaufgaben, wie »eins plus fünf«, »drei plus zwei«, »vier plus fünf« usw. Meine Mutter sagte

mir immer das Ergebnis und ich wiederholte es laut. Ich glänzte und stieg schnell in der Achtung meines Examinators. Irgendwann hatte meine Mutter keine Lust mehr und sagte nicht mehr vor. Da ich nun nicht gerade auf den Mund gefallen war, rief ich bei der nächsten Aufgabe dem Jungen zu:

»Das kann meine Mutti noch nicht!«

Der Fensterbesucher fühlte sich zu Recht verscheißert und zog fluchend davon.

Es war Krieg! Mein Vater war Soldat und brachte eines Tages, während eines der sehr seltenen Kurzurlaube, ein Gewehr mit nach Hause. Um es vor mir zu verstecken, wurde es hinter den großen Kachelofen im Wohnzimmer gestellt.

Bild 5: Autor im Alter von etwa fünf Jahren, Winter 1944/1945.

Aber das war wirklich keine gute Idee, denn ich entdeckte es schnell, zog das schwere Ding in die Stube und wollte es gerade in der beim Spielzeug bewährten Weise untersuchen, als die Tür aufflog. Meine Mutter stürzte sich auf das Gewehr, entriss es mir und schimpfte schrecklich. Sie hatte wohl das Geräusch gehört, denn Mütter haben immer mindestens die Hälfte ihrer Sinne auf die Kinder gerichtet und das ist gut so.

Ich wusste natürlich nicht, ob mein Vater jemals auf einen Menschen damit geschossen hatte. Hätte man mir vielleicht eine halbe Stunde Zeit gegeben, wäre es mit diesem sehr wahrscheinlich nicht mehr möglich gewesen.

Die Flucht

Das ferne Grollen, das schon tagelang anhielt, kündigte das Nahen der Front an. Was tun? Bleiben kam nicht infrage und so beschlossen die Frauen, es blieb ihnen ja auch nichts anderes übrig, mit einem der letzten Eisenbahnzüge Frankfurt zu verlassen. Wir wollten nach Schleswig-Holstein fahren, wo meine Tante Verwandte oder zumindest gute Bekannte hatte. Sie hatte schon eine Einladung besorgt. Das war sehr wichtig.

Es gab die Anweisung, die gesamte Stadt, bis zum 27. Februar 1945 zu evakuieren. Die Verwandten wollten uns aufnehmen. Das hatten wir schriftlich. Ein Licht, eine Hoffnung in dieser schlimmen Zeit.

Allerdings war es keinesfalls sicher, ob wir dieses Ziel jemals erreichen würden. Es gab aber keine Alternative.

Einen oder zwei Tage vor der Abfahrt versammelten sich alle

Teilnehmer unserer Gruppe bei der Tante, die auf der Westseite der Oder wohnte. Es waren zwei oder drei Familien. An die Einzelheiten kann ich mich nicht mehr erinnern; nur noch daran, dass wir Kinder uns in einem großen Raum aufhielten, in dem eine Modelleisenbahn aufgestellt war. Es war eine »richtige« Eisenbahn, und das hieß, sie fuhr mit Dampf und wurde mit Spiritus beheizt. Es war faszinierend zu sehen, wie der Zug unter dem Schrank und anderen »hochbeinigen« Möbeln verschwand, um gleich wieder schnaufend und dampfend am anderen Ende zu erscheinen. Kurzum, es hat mich wahnsinnig beeindruckt. Sonst würde ich mich wahrscheinlich nicht so lebendig daran erinnern.

An einem späten Nachmittag ging es zum Bahnhof. Es war Zeit, Abschied zu nehmen. Alles, was mitgenommen wurde, musste in einen Koffer und in den Kinderwagen passen – in dem auch zeitweise meine fast zweieinhalb Jahre jüngere Schwester Platz finden musste.

Am Hauptbahnhof war die Hölle los. Unglaublich viele Menschen mit Sack und Pack liefen herum und durcheinander. Es waren fast nur Frauen mit ihren Kindern. Kisten, Koffer und allerlei Behältnisse, die zum Transport taugten, stapelten sich. Es war unglaublich, was noch alles untergebracht werden musste. Das »Verladen« hielt schon den ganzen Nachmittag an. Es war ein ohrenbetäubender Lärm, in den sich das ungeduldige Fauchen der Dampflokomotive mischte.

In der einbrechenden Dunkelheit fanden wir schließlich unseren Wagen und richteten uns, so gut es eben ging, in dem zugigen Güterwagen ein. Meine Schwester musste mit ihren zwei Jahren ab und zu laufen. Sonst saß sie ganz oben auf dem Kinderwagen. Das war eine wackelige Fuhre. Gelegentlich hielt ich mich wie meine Schwester an der Stange des Kinderwagens fest, um nicht im Gedränge verloren zu gehen und dem Kinderwagen etwas Stabilität zu verleihen. Nachdem unser Güterwagen besetzt war, wurde die riesige Tür zugeschoben, so dass die Luft nur durch zwei verstellbare Luken pfiff, die unter dem Dach des Waggons angebracht waren. Nur durch einen Spalt, den die Tür frei ließ, konnte man nach draußen sehen. Auf dem Bahnhof kehrte allmählich Ruhe ein, nur unterbrochen durch das Schluchzen und die Schreie des Abschieds, die sich in den Hallen mehrfach brachen. Meistens ein Abschied für immer!

Das dumpfe, grollende, an- und abschwellende Donnern der herannahenden Front bildete den furchterregenden Hintergrund.

Schließlich setzte sich der Zug ruckelnd und zuckelnd langsam Richtung Westen in Bewegung. Die dürftigen, lautlos im Dunst schaukelnden Lampen des Bahnsteiges malten ein gespenstisches Bild, bis sie verschwanden.

Beim Einmarsch der Roten Armee waren von den etwa sechzigtausend Frankfurtern nur noch etwa 500 Einwohner übrig geblieben. Es waren meistens Angestellte der kirchlichen Einrichtungen, der Krankenhäuser und einige Beamte der Stadtverwaltung. Diese Informationen erhielt ich aus dem Stadtarchiv in Frankfurt/Oder.

Die abenteuerliche Fahrt begann. Die Hoffnung, das Ziel zu erreichen, fuhr mit. Dort in Schleswig-Holstein wollten wir bleiben, wenn auch nur vorübergehend.

Im Waggon befanden sich etwa fünfzehn bis zwanzig Personen und das Gepäck, etwas Brennholz und ein kleiner Ofen.

Es ging quer durch das schon stark zerstörte Berlin. Die letzte schwere Bombardierung hatte erst vor zwei oder drei Tagen stattgefunden. Die Ruinen schienen mit den Händen greifbar zu sein. Durch den Spalt der Tür konnte ich ein wenig von der Außenwelt sehen. Ich wurde sehr neugierig, ohne zu begreifen, was ich dort sah. Ich sah Dinge, die ich lieber nicht gesehen hätte. Es gab Fragen über Fragen, aber es gab keine Antworten. Niemand wollte oder konnte zum Beispiel erklären, was die großen schwarzen Puppen zu bedeuten hatten, die ich gelegentlich in den ausgebrannten, zum Greifen nahen Ruinen sah. Fehlende Mauern erlaubten einen Blick in die Stuben wie in ein Puppenhaus. Es war, als führe man mitten hindurch in einer Gespensterbahn.

Am Abend des darauffolgenden Tages erreichten wir nach einigen Zwischenstopps Hamburg.
Wieder Himmel und Menschen! Aber es schien hier für die damaligen Verhältnisse alles gut organisiert.
Aufgrund der von uns angegebenen und schriftlich bestätigten Adresse wurden wir in ein Internierungs- beziehungsweise Flüchtlingslager bei Elmshorn gebracht. Es war wieder Abend geworden und stockdunkel, nur die im Wind schaukelnden Lampen warfen auch hier ihr trübes Licht auf die gespenstig wirkende Szenerie, als wir eingewiesen wurden. Wir erhielten Plätze in einem großen Mannschaftszelt. Als Schlafstatt fanden wir mit Strohsäcken gefüllte Holzrahmen. Es sollte ja auch nur für eine Nacht sein, und verglichen mit den Verhältnissen im Zug war es geradezu komfortabel. Es roch sehr angenehm nach Stroh.

Doch wo war meine Schwester? Sie war ja gerade einmal zwei Jahre alt. Große Panik, alle suchten und riefen. Auch der Lagerlautsprecher beteiligte sich. Sie wurde ausgerufen! Für mich war es jetzt wichtig, mir den Platz zu merken, um zurückzufinden. Doch so weit sollte es gar nicht kommen. Die Suche da draußen schien ohnehin aussichtslos!

Meine Schwester bekam von alledem nichts mit. Sie schlief ganz seelenruhig zwischen dem Brett des Holzrahmens und der Wand des Zeltes, als ich sie fand. Ein kluges Kind, es war das Beste, was sie in dieser Situation tun konnte.

Am anderen Morgen wurden wir aufgerufen und einem Fahrzeug zugeteilt, das uns reichlich zehn Kilometer weiter zum Ziel nach Barmstedt brachte.

Unsere Gastgeber hatten alles vorbereitet, so dass die Aufteilung auf die Räume schnell vonstatten ging. Mir wurde ein »Gitterbett« zugeteilt, was ich nicht angemessen fand. Ich war ja schon fünfeinhalb Jahre alt. Aber das Bett war groß genug. Das Zimmer war klein und hatte ein kleines, schmales Fenster, das allerdings zur Mauer des Nachbarhauses zeigte. Meine Schwester hatte ihr Bett an der anderen Wand. Unsere Sachen waren schnell untergebracht. Es war ja nicht viel und wir hatten genügend Platz.

Nun begann für mich eine aufregende, interessante und, der Leser wird es nicht glauben, relativ schöne, wenn auch kurze Zeit. Doch Angst und Ungewissheit waren unsere ständigen Begleiter. Eine Vielzahl völlig neuer Eindrücke stürmte auf mich ein. Es gab fast jeden Tag etwas Neues zu entdecken.

Das Haus, in dem wir wohnten, war ein niederdeutsches Bauernhaus, das durch eine riesige Toreinfahrt in zwei Hälften geteilt war. Die Kinder wohnten auf der rechten, etwas schmaleren Seite, auf der sich zwei oder drei Räume befanden. Auf der linken, etwas komfortableren Seite wohnte die Familie meiner Tante. Allerdings schliefen die Kinder in den Räumen auf der rechten Seite. Durch die große Toreinfahrt entstand in der Mitte so etwas wie eine schmale Straße, die auf den Hof führte, der von Stallungen und anderen Wirtschaftsgebäuden flankiert war. Am Ende des ansehnlichen, großen Hofes gab es ein breites Tor, das zu den Marschen führte. Der Hof war gepflastert und hatte in der Mitte, wie üblich, einen großen Dunghaufen, auf dessen Spitze ein Hahn jeden Morgen sein Volk zum täglichen Tun rief.

Das Wohnhaus hatte ein gewaltiges, ziegelgedecktes Dach, das einen sehr geräumigen Boden einschloss. Wahrscheinlich war er teilweise ausgebaut, aber das weiß ich heute nicht mehr sicher.

Zum Essen und für die Notdurft mussten wir über die Toreinfahrt auf die linke Seite gehen.

Obwohl ein Nachttopf vorhanden war, war man gut beraten, die Zeiten für die Notdurft zu trainieren. Es war wahrhaftig kein Vergnügen, zu nächtlicher Stunde bei manchmal klirrender Kälte die Seite zu wechseln, und war es auch nur für eine kurze Zeit.

Es gab viel Aufregung, Spannung, Angst und viel, viel Neues, das ich nicht alles verarbeiten konnte, obwohl ich schon kurz vor der Einschulung stand. Meine Mutter war auf dieser Flucht gerade dreißig Jahre alt geworden.

Gleich nach unserer Ankunft fiel mir natürlich auf, dass man etwas anders sprach und zum Teil auch andere Vokabeln benutzte, was ich sehr lustig fand (z. B. Feudel für Wisch- oder

Staublappen). Aber schon nach einigen Tagen hatte ich mich daran gewöhnt und verstand wohl auch bald ausreichend plattdeutsch.

Ich erinnere mich noch sehr lebhaft an die Begegnung mit dem größten Tier, das ich bis dahin getroffen hatte.

Dazu muss man sagen, dass zu dem Haus Dieter, ein etwa zwölf- bis dreizehnjähriger Junge, gehörte. Wir mochten uns. Dieter hatte mit mir wahrscheinlich einen Bewunderer gefunden, was der Junge genoss. Dieter fragte mich eines Tages sehr geheimnisvoll und mit einem verschmitzten Augenzwinkern, ob ich frische Milch trinken möchte und ob ich mutig sei. Natürlich wollte ich frische Milch, und mutig, na, mutig war ich ja sowieso! Das verstand sich von selbst!

Wir gingen auf den Hof und Dieter appellierte an meinen Mut, und ich solle ihm immer folgen und tun, was er sagte.

Wir gingen hinaus auf die Marsch, die, wie schon erwähnt, gleich hinter dem Hof begann. Auf den Wiesen weideten einige Kühe. Dieter ging schnurstracks auf ein Tier zu. Mit abnehmender Entfernung schien das Tier immer größer zu werden. Ich spürte, wie mein Mut mit jedem Schritt sank, und in knapp zehn Metern Entfernung war der Mut aufgebraucht. Mit steifen Beinen stand ich da und nichts in der Welt hätte mich dazu gebracht, weiter zu laufen. Als die Kuh mich dann noch anstarrte und lauthals begrüßte, war es aus.

Ich schlotterte vor Angst und war drauf und dran, zu flüchten! Doch Dieter redete auf mich ein, und nun wollte ich wenigstens folgsam sein, wenn mir mein Mut schon abhandengekommen war. Dieter begnügte sich damit und ging auf die Kuh los, tätschelte sie und redete mit ihr. Der Junge legte sich unter sie, machte sich an ihrem Euter zu schaffen und brachte es tatsächlich fertig, eine beträchtliche Anzahl von »Milchstrahlen« in seinen Mund zu befördern. Ich war sprachlos, mein Mund stand auch offen und wahrscheinlich betete ich, dass Dieter nichts passieren möge. Es sah gefährlich aus. Starr vor Bewunderung harrte ich bis zum Ende der Prozedur aus. Wir gingen beide zufrieden zurück. Dieter, weil er sich mir gegenüber beweisen konnte, und ich, weil ich das »Abenteuer« gut überstanden hatte und nun in Sicherheit war. In der Küche angekommen bekam ich auch frische, wohltemperierte Milch, aber aus einem Glas!

Es verging nun kaum ein Tag, an dem nichts Aufregendes passierte. Die Erwachsenen tuschelten oft und taten sehr geheimnisvoll. Über allem schwebte eine Angst, die durch die ungewisse Zukunft eher verstärkt als gedämpft wurde.

An einem frühen Abend wurden wir Augenzeuge eines phantastischen Schauspiels am niedrigen Himmel im Süden. Vor dem Hintergrund einer flackernden gelbroten Beleuchtung sah man helle Figuren, die wie Christbäume am Himmel standen. Dazu ließ sich ein gedämpftes Donnern und Grollen vernehmen, das offenbar durch viele Explosionen hervorgerufen wurde. Wir ahnungslosen Kinder waren geradezu fasziniert. Die erschreckten Erwachsenen waren nicht bereit, uns das Schauspiel in irgendeiner Form zu erklären. Vielleicht konnten sie es auch nicht! Hamburg wurde wieder bombardiert. Wir waren ja kaum mehr als dreißig oder fünfzig Kilometer Luftlinie vom Stadtrand entfernt.

Eines Morgens wurde ich durch einen wahnsinnigen Krach geweckt. Mit einem Satz war ich aus dem Bett und sah am Fenster, dass es Dachziegel »regnete«. Noch ehe die Erwachsenen den Flur erreicht hatten, war ich schon dort und betrachtete argwöhnisch die verdächtig durchhängende Decke im Flur. Irgendjemand war aber schon oben auf dem Boden, um nach dem Rechten zu sehen. Es war wohl insoweit alles in Ordnung, dass nicht sofort etwas unternommen werden musste. Die Erwachsenen rannten zur Haustür, nachdem sie sich versichert hatten, dass uns Kindern nichts passiert war. Wir sollten sofort zurück in die Zimmer! Obwohl streng untersagt, gelang es mir, durch die Tür auf die Straße zu rennen. Mein Schritt stockte noch auf dem Bürgersteig!

Unserem Nachbarhaus fehlte das Dachgeschoss, der hintere Giebel stand, aber der vordere war samt Dachkonstruktion auf die Straße gestürzt und hatte sich in seine Bestandteile aufgelöst. Dazwischen züngelten kleine Flammen. Überall rannten plötzlich Leute laut schreiend im dämmerigen Licht des beginnenden Tages herum!

Bevor man mich »einfing«, konnte ich gerade noch einen unvergessenen Blick auf das wie leergefegte Dachgeschoss des Hauses werfen. Es standen acht Betten mit weißem Bettzeug auf dem Boden. In ihnen lagen am Abend vorher einquartierte Ordensschwestern. Es sah aus, als würden sie noch schlafen. Mir war unheimlich zumute. Ich sah gerade noch, wie ein Krankenwagen kam, als ich von hinten gepackt und durch die Tür zurück ins Haus geschoben wurde. Ich habe mich fürchterlich erschreckt und zitterte am ganzen Körper. Später hörte ich, dass alle acht Schwestern tot waren, und die neunte, die am hinteren Giebel stand, als die Bombe fiel, erlag erst im Krankenhaus ihren Verletzungen.

Die Wirtsleute, die im Erdgeschoss wohnten, blieben bis auf ein paar Schrammen unverletzt. Der Krieg hatte uns eingeholt!

Unser Haus stand an einem ovalen Platz, so eine Art Marktplatz. Auf ihm waren jetzt landwirtschaftliche Geräte abgestellt.

Abgesehen vom Hof spielten wir Kinder gerne auf diesem Platz. Es war immer interessant, zwischen den Geräten herumzulaufen und auf die Wagen zu klettern.

Eines Tages raste ein Auto die Straße entlang des »Spielplatzes«. Es wurde geschossen, es knallte und pfiff nur so. Meine Mutter stand in der Haustür und rief aus Leibeskräften nach mir, ich solle sofort ins Haus kommen. Mit einem beherzten Satz sprang ich instinktiv unter einen riesigen Plattenwagen, der genau gegenüber der Haustür stand. Ich wähnte mich schon in Sicherheit, als meine Mutter wieder in der halb geöffneten Tür stand und mit einer Stimme rief, die keinen Widerspruch duldete und gleichzeitig ängstlich klang. Ich raste die kurze Strecke, so schnell ich nur konnte, ins Haus. Wieder hörte ich das furchterregende Knallen, Pfeifen und Klatschen. Es klingt heute noch in meinen Ohren, und während der Silvesterknallerei zucke ich manchmal heute noch zusammen.

Ich weiß bis heute nicht, was damals abging. Aber Kinder können offenbar mehr instinktiv als rational begreifen, wenn sie in großer Gefahr sind.

Doch bald änderte sich alles schlagartig!

Ende des Krieges

Es war ruhig, doch ich vernahm ein völlig unbekanntes Geräusch und merkte, dass etwas im Anmarsch war. Das Geräusch wurde lauter. Wir gingen vorsichtig auf die Straße und an einer Hausecke fand ich in dem Menschenauflauf einen guten Platz, der mir die Sicht auf die Straße frei ließ.

Die Engländer kamen! Die Leute riefen und brüllten. Ich gab keinen Laut von mir und war total überwältigt, als auf dem Turm eines stählernen Kolosses mit einem steifen langen Rüssel ein kleiner Hund plötzlich fröhlich in den Tumult mit einstimmte. Als die Soldaten unsere kleine Kinderschar sahen, inzwischen waren noch einige Kinder aus der Nachbarschaft zu uns gekommen, bewarfen uns die Soldaten mit Leckereien und einigen Tafeln Schokolade. Ich wusste nicht, was es war. Aber alle sammelten fleißig und ich sammelte mit. Die »Beute« habe ich zu Hause abgeliefert, wie mir für diesen Fall vorher streng aufgetragen worden war. Es wurde geprüft, denn das Misstrauen war grenzenlos. Was damit geschah, weiß ich nicht mehr. Ich bin nicht sicher, ob wir an den folgenden Tagen davon gegessen haben. Auf jeden Fall waren es aber attraktive Tauschobjekte.

Bis auf wenige Ausnahmen verschwanden die Kühe nach und nach von der Weide. In der Nähe unseres Hauses befand sich ein sehr geräumiges, fast vornehmes Gebäude mit einem großen Freigelände, das mit einem Drahtzaun abgesichert war. Auf dem Grundstück stand das einzige größere Hotel des Ortes. Es wurde konfisziert und darin die »Tommies«, zumeist Offiziere, untergebracht.

Nach dem Schlachten eines großen Teils der Kühe wurden die Leiber zwischen den Bäumen aufgehängt und zerlegt!

Aus den Fenstern des Gebäudes warf man uns gelegentlich Süßigkeiten und andere Gegenstände, wahrscheinlich Spielzeug, herunter. Die Spender amüsierten sich, wie wir Kinder in den Büschen danach suchten, und sie versuchten lauthals durch Hinweise die Suche zu unterstützen. Es war für sie sicherlich so etwas wie Enten- oder Taubenfüttern im Park. Das alles passierte natürlich in englischer Sprache. Auf diese Weise bekam ich einen eingeschränkten, aber sehr effektiven Englischunterricht. Das Interesse an der englischen Sprache war auch später in der Grundschule ständig vorhanden, ohne dass ich die Möglichkeit hatte, es regulär zu lernen, vielleicht auch keine Gelegenheit dazu fand und schon gar nicht dazu angehalten wurde. Das hinderte mich aber nicht daran, später von meiner Cousine ein Englisch-Lehrbuch zu erbetteln, das sie wegwerfen wollte. Aber es gab jetzt andere, viel, viel wichtigere Probleme zu lösen.

Da meine Mutter gut nähen konnte, nähte sie für die Frauen der englischen Offiziere. Außerdem auch Puppenkleider. Durch diese Nebenbeschäftigung und die Betätigung im Haushalt unserer Gastgeber war das Überleben gesichert. Da offensichtlich der Krieg vorbei war, machte sich bei den Erwachsenen das Heimweh stärker bemerkbar und es zog sie, namentlich meine Mutter und meine Tante, nach Hause. Erst im zweiten Versuch im späten Frühjahr 1946 gelang die Rückreise von Barmstedt nach Frankfurt/Oder.

Ich konnte in Frankfurt/Oder noch zum 1. September 1946 eingeschult werden. An Einzelheiten der Rückreise kann ich mich nicht mehr erinnern.

Rückkehr und Schulzeit

Das erste Problem war die Beschaffung einer Wohnung in Frankfurt. Unser »Zuhause« war ein für alle Mal verloren. Es gehörte jetzt zu Polen. Die Dammvorstadt hieß nun Slubice und wir waren genau genommen heimatlos.

In den ersten Wochen wohnten wir bei meiner Tante T. Aber sie machte Druck. Sie brauchte die Räume. Das war nicht so einfach und wir waren mit den Nerven ziemlich am Ende. Wieder und wieder ging es zum Wohnungsamt. Eines Tages zuckte der deutsche Beamte wieder die Schultern und wollte uns wegschicken, doch plötzlich fingen wir alle drei fürchterlich an zu heulen. Das störte den Offizier der SMAD, der in einem Nebenraum saß. Der Russe ging zornig auf den Beamten zu, ließ sich die Situation erklären und wir hatten nach diesem kurzen Disput mit dem Beamten anhand des Wohnungsplanes auf der Stelle eine Wohnung! Das war vielleicht eine Überraschung und Freude. Wir hatten nun eine eigene Wohnung, ein Zuhause. Das hieß drei Zimmer, Küche und Toilette, ein paar Häuser vom Haus meiner Tante entfernt. Das Haus hatte wie durch ein Wunder fast unbeschädigt den Krieg überstanden und befand sich nun inmitten von Ruinen.

Aber diese Dreiraumwohnung war in Wirklichkeit nur eine Eineinhalbraumwohnung. Wir wohnten im obersten Stockwerk. Es gab zwei Durchgangszimmer. Das hintere schien kein Dach zu haben, denn sobald es regnete, kam das Wasser von der Decke. Das Zimmer davor hatte »nur« zwei oder drei undichte Stellen, das erste Zimmer, gleich neben der Wohnküche, war dicht und hatte auch ein sehr schönes Sprossenfenster, allerdings nur in der Mitte eine kleine Glasscheibe, durch die man nach draußen sehen konnte. Alle anderen Fensteröffnungen waren mit heller Plaste zugenagelt. Da ich gerade so ohne Hilfsmittel an die Stelle mit der Glasscheibe heranreichte, war das mein Lieblingsplatz.

Wir wohnten nicht sehr lange dort. Weil die Wohnung sich unterm Dach befand, war es im Winter außerdem sehr kalt und im Sommer, besonders wenn die Sonne schien, sehr warm. Deswegen, und vor allem wegen der Schäden, suchten wir in der Nähe nach einer anderen Bleibe. Sie durfte auch nicht zu teuer sein, denn die einhundertundfünfzig Mark, die meine Mutter verdiente, mussten für alle drei reichen. Da wir nun aber einmal eine Wohnung hatten, also nachweislich wohnberechtigt waren, zogen wir bald einige Häuser weiter in eine Zweiraumwohnung, die war in Ordnung, hatte aber den Nachteil, dass man vom Hausflur gleich in die Küche trat.

Meine Mutter leitete inzwischen eine kleine Gaststätte der HO, nachdem sie einen mehrwöchigen Lehrgang erfolgreich besucht hatte.

Bis zur Gaststätte waren es nur etwa zehn Minuten zu Fuß. Als ich ungefähr 14 Jahre alt war, bestand meine Sonntagsbeschäftigung häufig darin, morgens ab 10.00 Uhr den Tresen aufzuräumen und zu putzen. Nach der Einweisung durch meine Mutter klappte es ganz gut, so dass ich auch schon mal alleine arbeiten durfte. Der Edelstahltresen musste zum Schluss mit »Sidol« blank geputzt werden. Er sollte ja glänzen, wenn meine Mutter kam.

Wir haben oft in den Ruinen gespielt. Sie waren frei zugänglich. Häufig kamen irgendwelche Gerüchte auf, die uns neugierig machten. An eines erinnere ich mich noch lebhaft. Da hieß es, dass sich der Besitzer eines Kinos, dessen Ruine in der Nähe stand, mit seiner Frau erhängt und den Tresor mit viel Geld und Schmuck mitgenommen hätte. Die Ruine des Kinos befand sich etwa zweihundert Meter von unserem Haus entfernt. Das wollten wir natürlich sehen. Doch wir fanden diese Stelle nicht und dachten, es wären schon andere vor uns dagewesen. Wir waren also immer auf Entdeckungen aus. Wir stiegen auch manchmal in halb zugeschüttete Keller hinab. Irgendjemand besorgte Kerzen und Streichhölzer. Auf diese Weise hatten wir etwas Licht in den Kellerräumen. In dem Gebäude, das ja vor seiner Zerstörung ein Kino gewesen war, hingen noch Plakate an den Wänden. Da wir Kinder sehr neugierig waren, sammelte sich ein kleiner Pulk von Kindern. Einem auf der Straße patrouillierenden Polizisten fiel das auf und er scheuchte uns weg, nachdem er sich erklären ließ, was wir da wollten. Aber wir wussten es streng genommen auch nicht so recht, und unsere Absicht und geheime Hoffnung wollten wir natürlich nicht verraten.

Seit dem schweren Unfall meines Cousins Klaus war ich nicht mehr dort. Er war gehörlos und hatte versucht, an der Basis einer hohen Wand einen Stein zu entfernen. Wir hatten ihm noch zugerufen, er möge es nicht tun, und heftig gestikuliert, als es fürchterlich gekracht hatte und eine dichte, riesige Staubwolke aufgestiegen war. Als sich der Staub verzogen hatte, war dort, wo Klaus gestanden hatte, ein großer Steinhaufen. Schräg gegenüber auf der anderen Straßenseite befand sich eine Dienststelle der Transportpolizei. Wir wurden sofort von der Stelle entfernt. Von meinem Cousin habe ich seitdem nichts mehr gehört und ihn nie mehr gesehen. Er war etwa zehn Jahre alt!

Bild 6: Autor mit Mutter und Schwester, 1949.

Wir haben auch oft auf der Straße Fußball gespielt. Autos haben uns nicht gestört, weil nur sehr selten ein Wagen vorbeifuhr. Unser Problem lag vielmehr bei den Schuhen. Unsere »Plastikschuhe« waren nicht sehr robust und außerdem recht teuer. Das einfache Reparieren der Igelitschuhe mit einem heißen Messer hielt meist nicht lange. Wir spielten deshalb oft barfuß. Nach fast jedem Fußballspiel hatte ich außerdem mehr oder weniger aufgeschlagene Knie.

Wir richteten auch Laufwettbewerbe aus. Wir liefen um unser kleines Wohnviertel. Eine Runde mochte vielleicht reichlich vierhundert Meter lang sein. Also fast wettkampfgerecht. Am Start und Ziel stellten wir einen kleinen wackeligen Küchentisch auf und irgendjemand brachte einen alten Küchenwecker mit. Wir wollten das natürlich so professionell wie möglich machen.

Die Strecke lag fest! Auf der anderen Seite der Strecke fuhr die Straßenbahn und ich hatte schnell gemerkt, wenn ich neben der Straßenbahn rannte, konnte ich mit einer guten Zeit rechnen. Mit diesem kleinen Trick gewann ich öfter den Wettbewerb.

Zur Erntezeit aufs Land

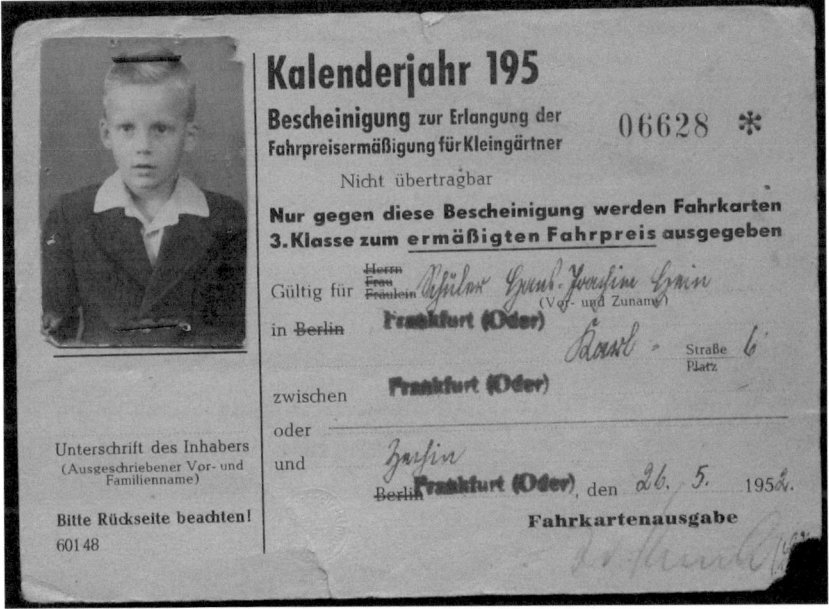

Bild 7: *Fahrkarte der Deutschen Reichsbahn für die Strecke Frankfurt/ Oder – Zechin.*

Meine Mutter erbte als einziges Kind das Grundstück ihres Vaters in Zechin im Oderbruch. Das Haus war nur noch eine Ruine und der Garten war nicht sehr groß. Darin stand ein großer, sehr tapferer Birnbaum, der auf der dem Haus zugewandten Seite verbrannt war, aber auf der anderen, dem Haus abgewandten, Seite herrliche Früchte trug. Darüber habe ich mich sehr gewundert. Aber ich mochte diesen Baum. Vielleicht habe ich ihn auch wegen seiner Tapferkeit und Härte bewundert. Mein Opa war ein angesehener Schuhmacher in der Region und setzte für den einen oder anderen Bauern schon einmal ein amtliches Schreiben auf. Meine Mutter hatte im Ort sehr viele Bekannte und Freunde, unter anderem auch eine Bauernfamilie mit etwa achtzig Hektar Grundbesitz, acht Kühen, einigen Pferden und vielen Schweinen. Dazu noch Geflügel. Unter anderem auch Puten, die mir großen Respekt einflößten. Kaum näherte ich mich dem Zaun, kam der Hahn, ein imposantes und aggressives Tier. Eine Begegnung mit ihm habe ich tunlichst vermieden. Aber es war eine interessante Zeit. Ich lernte zum Beispiel, wie man barfuß über Stoppeln läuft, Läuferschweine fängt usw. Auf dem Hof arbeiteten zwei Knechte im Alter von etwa zwanzig bis dreißig Jahren. Sie wollten dem Schweinemeister einen Streich spielen, indem sie alle Schweine auf den Hof scheuchten. Der Schweinemeister war verzweifelt. Allerdings hatten die Knechte vorher alle Tore des Areals geschlossen. Alle verfügbaren Personen mussten mitmachen. Das Einfangen der Schweine war für die Zuschauer sicherlich eine lustige Sache. Ein Knecht gab mir den Tipp, sie am Schwanz zu halten, sie würden dann sofort stehen bleiben. Aber das war nicht einfach, denn die Tiere waren schnell und überraschend geschickt!

Ein anderer »Spielort« war ein großer Strohdiemen. Das war nicht ungefährlich und ich verstauchte mir auch prompt zwei

Wirbel zwischen den Schulterblättern! Auf dem Hof gab es auch eine sogenannte Ziegenkutsche – eine kleinere Version der Pferdekutsche. Zur Familie meiner Gastgeber gehörte ein etwa sechs Jahre alter Junge. Er hatte ein herrisches Wesen und befahl mir regelrecht, ihn mit der Kutsche herumzukutschieren. Ich musste mich dann tüchtig ins Zeug legen. Eines Tages ging es zum Tor hinaus, den Weg bergab. Wir bekamen ordentlich Fahrt und der junge Herr kreischte vor Vergnügen. Schließlich musste ich anhalten und umkehren. Dann passierte es. Das Gefährt geriet in eine Wagenspur und kippte um. Ich lag auf dem Weg und mein Kutscher landete im Straßengraben. Ich war zu Tode erschrocken. Aber es war, Gott sei Dank, nichts passiert. Bis auf ein paar Schrammen natürlich! Wir haben, vor allem der junge Herr, eine tüchtige Gardinenpredigt bekommen. Es war dem Sohn des Gastgebers ausdrücklich verboten worden, mit der Kutsche zu spielen und mich auch noch einzuspannen. Wie der Leser schon bemerkt haben wird, war es keineswegs langweilig auf dem Bauernhof, aber auch nicht ungefährlich!

Ich war ungefähr sechs bis acht Wochen dort, da meine Mutter bei der Ernte gebraucht wurde. Es muss in der Zeit von September bis Oktober gewesen sein. Ich ging während dieser Zeit in die Dorfschule. Der Schulweg war drei bis vier Kilometer lang. Auf dem Weg musste ich an einem Bauerngehöft vorbei, das, wie mir schien, von Gänsen bewacht wurde. Sie standen schon hinter dem halb geöffneten Tor, als ich mich näherte. Sie starteten und kamen im Formationsflug auf mich zu. Ich nahm meine Beine in die Hand und rannte, so schnell ich konnte, weg. Als sie das sahen, stoppten sie sofort und kümmerten sich nicht mehr um mich. An den folgenden Tagen machte ich einen Umweg über den Acker. Im Herbst, nach der Ernte, war das problemlos möglich. Wenn das Wetter sehr schlecht war, nahm mich das eine oder andere Mal jemand auf dem Pferdewagen mit, einmal fuhr ich sogar mit der Kutsche vor die Schule!

An den Unterricht kann ich mich nicht mehr erinnern. Aber das Fahrradfahren habe ich gelernt. Einige Kinder kamen mit dem Fahrrad in die Schule. Sie brachten mir das Fahrradfahren mit viel Geduld bei. Sie waren sicher auch ein wenig stolz darauf, einem Städter etwas beibringen zu können.

Später besuchte meine Mutter einen weiteren Lehrgang, mit dem sie die Qualifikation zur selbständigen Führung einer HO-Gaststätte erwarb.

Im katholischen Kinderheim

Meine Schwester und ich wurden während dieser Zeit im katholischen Kinderheim untergebracht. Meine Schwester weinte fürchterlich beim Abschied, aber die Oberin, eine große stattliche Frau, schwang ihren großen weiten Rock um meine Schwester, die darunter völlig verschwand. Ohne auch nur einen Piepser von sich zu geben, verschwand meine Schwester mit der Oberin im Flur.

Ich musste mich nun auch umstellen. Alles war streng geregelt! Es herrschten »Zucht und Ordnung« und ein streng geregelter Tagesablauf. Alles war sehr sauber. Als mir beim Frühstück ein Honigbrötchen auf den Boden fiel, natürlich auf die Honigseite, musste ich es nach Begutachtung durch eine Schwester aufessen!

Gemeinsam essen, in die Kirche gehen, die man erreichte, ohne das Haus zu verlassen, war selbstverständlich. Jungen und Mädchen waren getrennt. Abends zu einer festgesetzten Zeit mussten wir im Schlafsaal beten. Die anwesende Schwester betete vor!

Am Vormittag war Gottesdienst. Einmal kam es zu einem Eklat! Als der Pastor nach der Messe Oblaten verteilte, rief ein Junge auf unserer Empore laut und klar: »Ich möchte auch ein Bonbon!« Die anwesenden jungen Schwestern waren entsetzt und räumten sofort die Empore. Ich kann mich nicht erinnern, dass wir jemals wieder teilnehmen durften.

Wenn es das Wetter erlaubte, gingen wir nach dem Frühstück spazieren. Wir mussten in Reih und Glied gehen und die kleineren Kinder mussten sich anfassen. Die Schwestern waren sehr streng! Aber kaum hatten wir die letzten Häuser hinter uns gelassen, durften wir uns auf den Wiesen loslassen, mussten aber immer in Sichtweite der Schwestern bleiben. Ich habe nicht schlecht gestaunt, als die jungen Schwestern losrannten und sich gegenseitig wieder einfingen. Sie tollten regelrecht herum. Das hätte ich nicht für möglich gehalten. Aber die meisten von ihnen waren ja auch kaum älter als 16 Jahre und hatten es in ihrem kirchlichen Leben nicht gerade einfach!

Begegnungen am Zaun

Ich erinnere mich auch an die sich vor Weihnachten häufenden Transporte der heimkehrenden Kriegsgefangenen aus dem Osten. Sie standen dann am Zaun zum Bahngelände, knapp einhundert Meter entfernt vom Zug, mit dem sie gekommen waren.

Der Zug hatte auf dem Grenzbahnhof einige Zeit Aufenthalt, den viele Soldaten für einen Kontakt nutzten. Waren sie doch in der Heimat angekommen! Es gab viel zu erzählen und zu fragen. Der eine oder andere Soldat strich mir über den Kopf. Er dachte dabei wohl an seine eigenen Kinder, die er seit Jahren nicht gesehen hatte. Halb zu meiner Mutter gewandt und halb zu sich, sagte einer: »Ach ja, meiner wird jetzt auch so alt sein wie du. Als ich ihn das letzte Mal sah, war er fast noch ein Baby.«

Ob sie wohl ihre Familien wiederfanden, sie Weihnachten feiern konnten? Manche zeigten Fotos von ihrer Familie und fragten, ob wir die abgebildeten Personen gesehen oder etwas von ihnen gehört hätten. Fast immer verneinten die Frauen. Oft fragten aber auch die Frauen diesseits des Zaunes nach ihren Männern. Meine Mutter hatte immer ein Foto meines Vaters mitgenommen. Wir freuten uns sehr, wenn jemand dabei war, der behauptete, unseren Vater zu kennen oder ihm begegnet zu sein. Leider stimmte es nicht, sei es, dass der Soldat uns trösten oder nur etwas zu essen haben wollte, meistens Brot, oder auch Zigaretten.

Meine Mutter meldete unseren Vater beim Deutschen Roten Kreuz als vermisst. Viele Jahre hat sie auf einen Bescheid gewartet. Im März 2001, siebzehn Jahre nach dem Tod meiner Mutter, bekam ich die Nachricht von der deutschen Dienststelle für Kriegsgräberfürsorge, dass mein Vater kurz vor seinem 36. Geburtstag am 30.10.1944 im Kriegsgefangenenlager Wolsk im Gebiet Saratow an der Wolga verstorben ist.

Der Zaun war bewacht, so dass keiner der angekommenen Kriegsgefangenen, die mit müden Gesichtern auf uns zukamen, flüchten konnten. In den Gesichtern sah man auch die gespannte Erwartung auf die Zukunft.

Sie hingen buchstäblich in ihren verschlissenen Soldatenmänteln. Der eine oder andere wäre sicher gerne abgehauen. Einige trauten dem Frieden wohl nicht.

Sie wurden in die Kasernen gebracht. Dort bekamen sie Papiere, mit denen sie sich in Deutschland anfangs frei bewegen konnten. Auf ein Signal hin mussten die Soldaten wieder zurück zum Zug. Das verzögerte sich verständlicherweise immer etwas. Aber es war ja kurz vor Weihnachten. Weitere »Transporte« waren angekündigt.

Wie mir ein Hobbyhistoriker aus Frankfurt/Oder erzählte, kamen vom 4. Juni 1945 bis Anfang Juli 1946 die ersten sechstausend Heimkehrer. Bis 1953 kamen insgesamt 1 186 451 Kriegsgefangene und 60 783 Zivilpersonen mit dem Zug über die Grenze in Frankfurt/Oder zurück nach Deutschland.

Weihnachten 1953

Man merkte fast täglich, dass das Jahr älter wurde. Die Tage wurden kürzer und allmählich auch kälter. Es war eben die Zeit des Sterbens. Schnee bedeckte die Erde. Er knirschte unter den Füßen, als beschwere sich der Schnee über die Last, die er tragen musste. Aber nach Weihnachten wurden, wie jedes Jahr, die Tage länger und wir konnten wieder auf längere, helle Tage hoffen, und schließlich wurde es auch wärmer. Christus war gewissermaßen das Licht und wir erwarteten es mit ungeduldiger Freude inmitten tiefster Finsternis.

Natürlich erwarteten wir auch, dass uns zum Weihnachtsfest persönliche Freude geschenkt wurde. Wir feierten Geburtstag mit vielfacher Bedeutung. Es brach nun eine Zeit des Innehaltens, des

Besinnens und Ordnens an. Wir bereiteten uns auf vielfache Weise auf das Fest vor. Jeder gab nach seinen Möglichkeiten das Beste.

Die Freuden und Wünsche zum Weihnachtsfest unterliegen natürlich den gesellschaftlichen Umständen und damit den Zeiten, in denen wir leben. Was vielleicht vor mehr als sechzig Jahren dem Einzelnen viel Freude gemacht hat, ist uns heute vielleicht nur noch ein Achselzucken wert.

Auch für uns galt es damals, Weihnachten vorzubereiten. Wir Kinder hatten uns schon lange darauf gefreut. Nicht weil wir auf tolle Geschenke hofften, sondern einfach, weil es Süßes gab und weil wir in die Kirche gingen, die geheizt und festlich erleuchtet sein würde, alle Jahre wieder.

Uns fehlte aber noch ein Weihnachtsbaum, den wir schmücken konnten. Die meisten Leute der Stadt warteten auf die Ankunft der Bäume. Angekündigt waren sie schon längst.

Endlich, etwa eine Woche vor Weihnachten, hieß es, die Waggons mit den Weihnachtsbäumen seien auf dem Güterbahnhof angekommen, und am nächsten Tag ab zehn Uhr beginne der Verkauf. Meine Mutter musste arbeiten und das war für alle wichtig. Also musste ich mich darum kümmern, wenn wir einen Weihnachtsbaum haben wollten.

Als wir kurz nach neun Uhr morgens ankamen, standen bereits schier unzählige Menschen vor der Absperrung, bereit, die Waggons zu stürmen. Es war dunstig und der leichte Wind wehte den Duft der frisch geschlagenen Bäume über den matschigen Schnee herüber. Es duftete nach einer Mischung von Harz und Fichtennadeln.

Meine Schwester sollte auf die von mir ausgesuchten Bäume aufpassen. Endlich war es so weit. Einige Polizisten patrouillierten in der Nähe und achteten auf »Recht und Ordnung«. Arbeiter entluden die Waggons und sortierten die Bäume nach ihrer Größe: klein, mittel und groß. Es gab nur Fichten, gelegentlich war auch eine Kiefer dabei. Das Schieben und Drängeln wurde stärker, als zwei Polizisten die Absperrung für die ersten zwanzig bis dreißig Käufer öffneten. Inzwischen war es beinahe elf Uhr geworden.

Ich wurde von den Erwachsenen heftig geschubst und auch angepöbelt, da half auch keine Beschwerde. Aber ich fand Verbündete. Ein kräftiger junger Mann, der sich Klaus nannte, stand mir zur Seite und wir machten gemeinsame Sache. Er sprach mich an: »He, Kleener, kannst Du mir helfen, einen juten Baum zu finden?« Er hätte aus dem Krieg eine Augenverletzung und sei sehbehindert.

»Na klar, mache ich!« Da ich flink war, ein gutes Auge hatte und Klaus die nötige Kraft beisteuerte, waren wir gegenüber anderen im Vorteil. Zum Beispiel zog Klaus den von mir angezeigten Baum heraus und stellte ihn auf, ich betrachtete ihn und entschied letztendlich. Angepöbelt hat mich nun keiner mehr.

Meine Schwester passte auf unseren klapperigen Handwagen auf. Wir wühlten mit den anderen in den aufgeschichteten Bäumen herum und schleppten einen vermeintlich passenden zum Wagen. Ich wollte einen schönen geraden Baum. Ganz wichtig war: Er musste in die Stube passen!

Es war verboten, selbst in die Wagen zu klettern. Das war auch zu gefährlich bei dem Gedränge. Außerdem konnte man die Bäume draußen besser beäugen und sie wurden kaum beschädigt, da die Arbeiter sorgsam mit ihnen umgingen. Es gab allerdings einiges zu beachten. Konnte der Baum in der Zimmerecke stehen, musste er nicht unbedingt ringsum gut bezweigt sein. Ein intakter guter Nagelbohrer half dann beim Richten. Wenn der Baum nur wenige Fehlstellen hatte, nahm man einige der herumliegenden Zweige mit, um sie dann zu Hause beim Aufstellen an den entsprechenden Stellen einzusetzen. Dabei gab es allerdings öfter Streit, da wir nicht immer der gleichen Meinung waren. Es war halt auch hier Ansichtssache. Nach einer guten Stunde hatten wir für jeden einen Baum, der gefiel. Es galt das Prinzip: erst sicherstellen und dann weitersuchen. So ging es mehrere Male hin und her.

Ich musste zwischendurch öfter nach meiner Schwester sehen, die schließlich die ganze Zeit beim Handwagen stand und auf die Bäume aufpassen musste, bevor die letzte Auswahl getroffen wurde. Von Zeit zu Zeit fing sie an zu maulen. Doch es half nichts, da mussten wir durch! Es durfte jeder nur einen Baum mitnehmen, so dass niemand hamstern konnte. Schließlich hatten wir uns entschieden und zogen los. Nach einem Stück gemeinsamen Weges trennten wir uns von Klaus, der seinen Baum schulterte und in eine Seitenstraße abbog. Wir sind ihm nie wieder begegnet.

Das Werkzeug (Schere, kleine Säge und Bindfaden) hätten wir beinahe vergessen. Unterwegs fragte uns ein Mann, wo es denn die schönen Bäume gäbe. »Habt euren wohl geklaut, was?« Wir sagten es ihm, aber er winkte ab. Der Fremde wollte wohl bloß provozieren. Immerhin fassten wir das als Lob für unsere sorgfältige Auswahl auf.

Nach einer reichlichen halben Stunde kamen wir zu Hause an. Wir waren müde und hungrig geworden. Den Baum stellten wir in den Schuppen auf dem Hof, den wir sorgfältig abschlossen.

Anschließend war gründliches Händewaschen angesagt und dann ging es in die Gaststätte zur Mutter, die schon in der Küche des Restaurants unser Mittagessen angemeldet hatte und auf uns wartete. Wir waren zwischen halb und zwei Uhr mit ihr verabredet und sollten pünktlich sein. Da meine Mutter in der Gaststätte arbeitete, ließ sich das Mittagessen in der Regel ganz gut organisieren.

Vorbereitungen zum Weihnachtsfest

In den kommenden Tagen verstärkte sich auch das geschäftige Treiben in der Pfeifferschen Bäckerei. Sie gehörte einer Familie, die mit meiner Tante T. befreundet war. Der Laden befand sich gleich um die Ecke, nur reichlich einhundert Meter entfernt. Die Bäckerei gibt es übrigens heute noch! Man musste ein paar Tage vorher den Kuchen für die Feiertage bestellen. Selbst backen war wegen der fehlenden Zutaten zu schwierig, und außerdem hatten wir zu Hause in der Wohnung dafür nicht genügend Platz.

Die Zutaten waren sogenannte »Bückeware«, so dass die Beschaffung sowieso nur über Beziehungen möglich war. Es wurde natürlich auch viel improvisiert. Das ganze Prozedere lässt sich mit der heutigen Situation nicht annähernd vergleichen!

In der Gaststätte, die sich im Erdgeschoss unseres Hauses befand und unserem Hauswirt gehörte, wurden schon seit ein paar Tagen Weihnachtslieder gesungen. Meine Mutter spielte am Abend Klavier und einige Gäste sangen dazu.

Ist Weihnachten ein Fest der Freude, so lädt es auch zum Nachdenken ein, verbunden mit dem Wunsch nach Harmonie und Frieden. Eine ältere Dame, die öfter in die Gaststätte kam und mit allerlei Geschmeide behängt war, fiel mir sofort auf. Kaum hatte meine Mutter angefangen, auf dem Klavier zu spielen, und einige Gäste sangen mit, fing sie fürchterlich an zu weinen. Sie hatte offensichtlich Schweres erlebt und mich nahm es sehr mit. Später brachte man sie nach Hause. Ihr Ruf: »Ach Hilde, spiele doch noch mal!«, klingt manchmal noch in meinem Ohr!

Am Morgen des Heiligabends wurde der Baum geschmückt mit einigen Kugeln, Lametta, Süßigkeiten und Watte. Der Baum war in seiner Pracht nicht wiederzuerkennen und Ungleichheiten im Wuchs waren kaum noch sichtbar. Es wurde so lange geschmückt und verändert, bis alle zufrieden waren.

Der Pfarrer begann jedes Jahr seine Predigt mit den Worten: »Es begab sich zu der Zeit, als der Kaiser Augustus ein Gebot erließ, auf dass alle Welt geschätzt werde …«

Wir kannten diese Geschichte natürlich längst, und wahrscheinlich hat er jedes Jahr dieselbe Predigt gehalten. Aber es war für mich nicht so beeindruckend, was er sagte, sondern es war das hell erleuchtete Innere der Kirche, das die Stimmung erzeugte. Es war warm, und der geschmückte, gewaltige Weihnachtsbaum beherrschte das Stimmungsbild. Als ich so um mich blickte, sah ich in erwartungsvolle und auch verhalten fröhliche Gesichter. Vor allem war der Baum sehr groß und leuchtete hell in der Kirche. Er war mit unserem Baum zu Hause nicht zu vergleichen.

Zu Hause angekommen, begann die Bescherung. An alle Geschenke kann ich mich nicht mehr erinnern, obwohl es nicht viele waren. Aber Socken und Handschuhe, Schulhefte und Schreibstifte waren immer dabei und natürlich gab es auch einige Süßigkeiten.

Schulzeit

Die Schulzeit war vor allem anfangs voller Irren und Wirren, verstärkt noch durch den häufigen Schülerwechsel, den die Umsiedler, vor allem aus Polen, verursacht haben. Aber das war es nicht allein, eigentlich änderte sich ständig alles, da auch viele Lehrer verschwanden und durch andere ersetzt wurden. Trotzdem fielen erstaunlich wenige Unterrichtsstunden aus. Wir waren im Durchschnitt etwa 40 Schüler in einer Klasse! Aber es wechselte stark, da einige wegzogen und neue aus den Flüchtlingstrecks kamen.

Ich ging gern in die Schule, da sie mir häufig eine interessante Abwechslung bot gegenüber den Alltagssorgen, die sich sehr oft auch uns Kindern mitteilten.

Mehr oder weniger harmlose Schulstreiche begannen schon in der ersten Klasse. Im Folgenden will ich von einzelnen Begebenheiten erzählen, deren Summe schließlich die Schulzeit ausmachte. Meine erste »Misshandlung«, so würde man das heute vielleicht nennen, die ich erfuhr, war eine kräftige Ohrfeige durch die Lehrerin! Und das gleich in der ersten Klasse, kurz vor Schulbeginn. Einige Schüler hatten die Tür zum Klassenraum zugehalten, um die Lehrerin nicht in den Klassenraum zu lassen. Doch nach und nach flüchteten die Mitschüler von der Tür, bis wir schließlich nur noch zu zweit waren. Die Tür flog auf, und schon war es passiert. Wir bekamen eine heftige Ohrfeige. Später, sehr viel später, war ich zwar noch bei Streichen dabei, aber soweit ich mich erinnere, habe ich mich nie mehr erwischen lassen; allerdings habe ich gerne den »spiritus rector« übernommen. Um die Schulsituation zu erklären: Wir hatten nur für kurze Zeit einen

Lehrer, der manchmal in einem Wutanfall durchdrehte. Ich bekam bei einer solchen Gelegenheit den Schiefer- beziehungsweise Federkasten an den Kopf geworfen, weil ich nach Meinung des Lehrers nicht zugehört hatte. Dazu muss man wissen, dass die Federtasche aus Holz war!

An unseren Russischlehrer kann ich mich erinnern, weil er sehr gut mit der Tafelkreide werfen und zielen konnte. Er schrieb etwas an die Tafel und in der letzten Reihe schwatzte jemand. Er drehte sich blitzschnell um, warf mit der Kreide und … traf. Er hat mir allerdings das Interesse am Sprachunterricht gründlich verdorben, als ich vor der Klasse das Wort »Soldat« zehnmal in Russisch aufsagen musste, weil er meinte, ich spräche das nicht richtig aus!

In der Schule sollten wir sogenannte Lerngemeinschaften, auch Lernzirkel genannt, bilden. Meine Lehrer haben mich für die Leitung eines solchen Zirkels öfter ausgewählt, wobei das meist im gegenseitigen Einverständnis geschah. Es war praktisch, vor allem vor irgendwelchen Prüfungen. Oft haben uns die Lehrer Übungsaufgaben gegeben, von denen einige in den Prüfungen abgefragt wurden. Als es um die Berufswahl ging, meinten einige Lehrer, ich hätte das Zeug, selbst Lehrer zu werden.

Sehr viel später an der Uni bin ich es dann auch in gewisser Weise geworden.

Am Ende der zehnten Klasse, und das sei hier vorweggenommen, musste ich selbständig Entscheidungen treffen, die ganz wesentlich mein Leben bestimmt haben. Das war die Entscheidung, neben der Lehre das Abitur auf der Abendoberschule nachzuholen, um mich später für ein Studium an der Uni in Halle bewerben zu können.

Zeitvertreib und Spiele zu Hause

Unsere Wohnung war viel zu klein, um mit mehreren Kindern zu spielen. Aber ich hatte »Haustiere«, ein Vollglasaquarium, in dem ich Fische hielt und züchtete. Ein Problem war die Heizung im Winter. Später gab es elektrische Heizungen, die aber nicht wartungsfrei waren. Ich bekam bald heraus, wer Fische züchtete und verkaufte. Manchmal konnte ich auch tauschen. Da hieß es dann sparen, doch alles was ich gerne gehabt hätte, ging nicht, des fehlenden Geldes und des Platzes wegen. Wichtig war auch die passende Zusammensetzung der Fischarten. Wenn einige laichten, mussten sie von den anderen getrennt werden. So gab es immer etwas zu tun und zu sehen. Am Ende meiner Schulzeit musste ich für ein paar Tage von der Schule aus verreisen. Das war mitten im Winter! Tja da waren ja noch die Fische. Meiner Schwester erklärte ich die Funktionsweise der Heizung und wie sie die Fische zu füttern hatte. Als ich zurückkam, waren die meisten Fische tot! Das Thermometer zeigte 42 Grad Celsius!

Da abzusehen war, dass wir bald umziehen würden, schaffte ich mir keine Fische mehr an.

Das Lieblingsfutter für die Fische waren Wasserflöhe. Da in zirka drei Kilometern Entfernung ein Teich existierte, der zuverlässig jedes Frühjahr und über den ganzen Sommer Wasserflöhe hatte, war das in dieser Zeit kein Problem, Futter zu beschaffen. Die Wasserflöhe, die nicht gleich verfüttert werden konnten, wurden auf Zeitungspapier ausgestrichen und auf dem Trockenboden des Hauses getrocknet.

Mit Peter und den Nylonstrümpfen zur Wasserflohjagd

Aus den abgelegten Nylonstrümpfen meiner Mutter bastelte ich einen Kescher, um Wasserflöhe für meine Aquarienfische zu fangen. Sie mussten getrocknet und gut aufbewahrt werden, um sie im Winter als Trockenfutter verfüttern zu können. Es waren deshalb möglichst viele zu fangen.

Da ich aber keine Lust hatte, allein zu dem trächtigen Teich zu laufen, wollte ich meinen Cousin Peter dazu bringen, mich zu begleiten. Das sollte mir gelingen. Er war ein entfernter Verwandter von mir, ein gutes Jahr jünger als ich, ein lieber Junge und er hörte auf mich. Also fragte ich ihn: »Peter, ich will für meine Fische Wasserflöhe fangen gehen, kommst du mit?« »Hm, na, was muss ich dabei machen?« »Ganz einfach: Du hilfst mir. Ich zeige dir, was zu tun ist, wenn wir am Teich sind. Wir werden nach etwa reichlich drei Stunden wieder zurück sein. Das Wetter ist schön und zu tragen haben wir nicht viel. Jeder einen kleinen Eimer und den Kescher. Übermorgen ist Sonntag und ich schlage vor, wir gehen pünktlich um neun Uhr hier los. Dann könnten wir zum Mittagessen wieder zurück sein. Am besten ist es, du holst mich ab. Ich kenne den kürzesten Weg. Alles klar?« Dann ging er nach Hause und ich hatte zu tun, Material suchen und die Kescher basteln. Das fast ideale Material für den Kescher war das Gewebe der Nylonstrümpfe meiner Mutter.

Mit den Strümpfen war das aber so eine Sache. Sie durften auf keinen Fall Löcher oder Laufmaschen haben. Meine Mutter musste natürlich nach der »Materialentnahme« das Material besichtigen und ihr »Okay« geben. Ersatz musste ich auf jeden Fall mitnehmen, sonst hätten wir die ganze Aktion vergessen können.

Es war fast normal, dass solch ein Kescher in dem Gestrüpp von Wasserpflanzen schnell undicht wurde.

Das Wetter war ideal. Vielleicht etwas zu warm. Ich packte die Sachen zusammen. Kaum war ich damit fertig, klingelte es schon. Jetzt wurden die Sachen verteilt. Jeder bekam seinen Kescher und ein Gefäß. Ich trieb irgendwo kleine Eimer auf, die einen Henkel zum Tragen hatten. Dann ging es los! Vorbei an den Gartenanlagen über einen Feldweg, der uns am Waldrand vorbei bis zu drei kleinen Teichen vor Beginn eines Dorfes führte. Sie waren dicht mit Schilf bewachsen und wir mussten uns einen Zugang schaffen. Wir hatten Glück und fanden einen relativ einfachen Zugang. Es wimmelte nur so von Wasserflöhen und das Wasser schimmerte rosa.

Wenn die Kescher zu etwa einem Drittel voll waren, entleerten wir sie in unsere Gefäße, in die wir etwas Wasser geschüttet hatten. Die Gefäße waren schnell gefüllt und es war Zeit, nach Hause zu gehen. Ein wenig bedauerte ich, dass wir so wenig Transportkapazität hatten. Aber das relativierte sich bald. Es war schwül, wir schwitzten und der Himmel bewölkte sich. Es wurde dunkel und der Himmel ergraute. Die Dunkelheit nahm zu. Man hörte das dumpfe Grollen des herannahenden Gewitters. Noch regnete es nicht, doch die Schwüle war fast unerträglich. Peter, die Memme, fing schon an zu jammern. Doch es sollte noch schlimmer kommen.

Reichlich einhundert Meter weiter sahen wir einen Trupp Sowjetsoldaten über eine Wiese laufen. Wir gingen auf den von Bäumen flankierten Fahrweg. Die Soldaten waren in dem nun einsetzenden Nebel nur schemenhaft zu erkennen. Ein Unwetter zog heran. Nein, es stand vor uns und würde jeden Moment auf uns niedergehen. Selbst die Blitze mussten sich durch den Wolkenvorhang kämpfen und verbreiteten ein gelblich fahles Licht. Es sah unheimlich aus und der Donner verursachte eine völlig ungewohnte Akustik. Obwohl es noch sehr schwül war, ähnlich wie in der Sauna nach einem Aufguss, begann ich zu frösteln. Ich hatte einfach Angst. Es half mir aber sehr, dass ich Peter trösten und vor allem Mut zusprechen musste.

Das Blitzen wurde heftiger und ich sah aus dem rechten Augenwinkel heraus, dass sich die Soldaten in einer flachen Mulde niederhockten. Erst viele Jahre später habe ich ihr Verhalten verstanden.

Wir gingen weiter und vor uns tauchten die ersten Gärten auf, als es plötzlich anfing, fürchterlich zu regnen. Wir konnten kaum atmen. Erst als ich die Hand vor den Mund hielt, fühlte ich eine deutliche Erleichterung. Darüber war ich heilfroh. Jetzt hatte ich die Möglichkeit, Peter zu helfen, der schon in Panik verfiel.

Binnen kurzem waren wir völlig durchnässt. Wir trugen nur helle und sehr dünne Kleidung, die klebte an der Haut und mir war, als ginge ich nackt durch die Straßen. Kurz bevor wir die Haustür erreichten, hörte es so plötzlich auf zu regnen, wie es begonnen hatte.

Wir hatten erhebliche Verluste an Wasserflöhen zu beklagen. Peter gab mir seinen Eimer und den Kescher und rannte nach Hause. Sein Eimer war fast leer!

Auf dem Dachboden legte ich Zeitungspapier aus und verteilte die Wasserflöhe darauf. Inzwischen schien wieder die Sonne und auf dem Dachboden wurde es schnell sehr warm. Das war mir nur recht. Der Ärger aber ließ nicht lange auf sich warten. Nach wenigen Stunden fing es fürchterlich an zu stinken. Die Sonne knallte auf das Dach und man konnte es auf dem Dachboden kaum aushalten. Aber ich musste rauf, um die Flöhe zu wenden und zu lüften.

Da unser Wirt im selben Haus wohnte wie wir, wenn auch eine Etage tiefer, musste ich am nächsten Morgen unverzüglich zu ihm kommen. Nach einer Schimpfkanonade wegen des Gestanks verlangte er, dass ich das »Zeug«, wie er die Wasserflöhe nannte, sofort wegschaffte. Ich weiß nicht, wie ich es fertiggebracht habe, jedenfalls gab er mir noch einen Aufschub von vierundzwanzig Stunden. Inständig hoffte ich, dass die Flöhe dann getrocknet wären. Fast jede Stunde bin ich auf den Dachboden gegangen und habe die Flöhe gewendet. Die Sonne erbarmte sich meiner. Gemeinsam haben wir es tatsächlich geschafft und ich konnte den Boden am darauffolgenden Tag leerräumen.

Der Wirt tat mir leid. Soviel ich wusste, hatte seine Frau ihn aufgehetzt. Er war eigentlich ein durch und durch lieber Mensch. Er mochte Kinder und vor allem mich, denn als wir 1954 auszogen, schenkte er mir ein »Naturbuch« und schrieb eine Widmung hinein. Das war eine Überraschung. Ich glaube, das Buch habe ich noch.

Konfirmation

Im Mai 1954 wurde ich mit anderen aus unserer Gruppe anlässlich des Besuches von Bischof Dibelius (Berlin) konfirmiert. Es war für mich ein sehr beeindruckender Augenblick, als er mit seinem Gefolge in die Kirche einzog. Wir hatten vorher den Konfirmationsunterricht besucht und eine kleine Abschlussprüfung bestanden. Der Unterricht fand etwa zweimal in der Woche statt und begann früh um sieben Uhr! Anschließend gingen wir sofort zur Schule, die Punkt acht Uhr begann.

Bild 8: Der Autor als Konfirmand im Mai 1954.

Schulexperimente in der Wohnung

Ich hatte die Angewohnheit, Versuche, die wir in der Schule machten, zu Hause zu wiederholen. Die Schule gab meiner Phantasie durchaus Anregungen. So lernten wir, dass beim Erwärmen von Kaliumpermanganat Sauerstoff entweicht. Also besorgte ich mir das Pulver. Ich wusste, dass Sauerstoff die Leistungsfähigkeit steigerte, war aber etwas unsicher. Ich engagierte wieder meinen Cousin Peter als »Versuchskaninchen«, während ich die Prozedur beaufsichtigte. Ich sagte ihm noch, dass er tief einatmen müsse. Dann war es endlich so weit. Peter atmete tief ein und bekam sofort einen schrecklichen Hustenanfall, und ich einen riesigen Schreck. Gott sei Dank hatte er sich bald wieder beruhigt. Der Versuch war also total gescheitert, weil ich die Reaktion des Kaliumpermanganats falsch verstanden hatte. Die ätzende Wirkung des Gemisches verursachte eine Reizung der Bronchien.

Ein anderer Versuch betraf die Herstellung von Schwarzpulver. Ich wollte es abbrennen, beziehungsweise zur Explosion bringen. Um jedes Risiko zu vermeiden, schüttete ich das Pulver, etwa einen Teelöffel voll, auf ein längliches schmales Brettchen, das ich ins Fenster klemmte. Ich bastelte eine Art Zündschnur, steckte sie mit einem Streichholz an und verschloss sofort das Fenster. Es brannte brav ab, ohne dass irgendetwas passierte. Das war wirklich sehr enttäuschend!

Im Schulunterricht hatten wir im Fach Erdkunde auch etwas Meteorologie. Als Freiwillige gesucht wurden, die Wetterbeobachtungen selbständig zu Hause durchführen und wöchentlich die Ergebnisse in der Schule vortragen sollten, meldete ich mich. Es war täglich in regelmäßigen Abständen die Temperatur zu messen und die Wettererscheinungen zu beschreiben. Mit der Meteorologie habe ich mich dann noch während meiner Studienzeit und zu Beginn meiner Assistentenzeit beschäftigt. Ich ließ mir vom Meteorologischen Dienst in Leipzig regelmäßig Wetterkarten schicken. Wenn wir einen Betriebsausflug planten, wurde ich häufig nach den Wetteraussichten befragt. Da meine Voraussagen einige Male stimmten, hatte ich einen guten Stand.

Meinen fünfzehnten Geburtstag verlebte ich bei meiner Tante T. in Westberlin. Es war ein schöner Tag. Wir gingen in den Zoo und ich durfte ein paar Runden reiten. Am Abend ging ich mit meinem Onkel ins Kino. Es gab »Fanfan der Husar«. Am Tag danach fuhr ich nach Hause mit einer vollgepackten Tasche, in der sich einige Geschenke befanden. Zuoberst lagen Bananen, die mir meine Tante mitgegeben hatte. An der Grenzstation wurden die Fahrgäste kontrolliert! Ich hatte Angst, dass man mir meine Geschenke und die Bananen wegnehmen würde. Doch die Grenzer interessierten sich überhaupt nicht für mich. Mir fiel ein Stein vom Herzen, andererseits aber kränkte es mich, dass man mich nicht für voll nahm.

Umzug nach Stendal

Im Frühling 1954, nach meiner Konfirmation, zog meine Mutter mit ihrem Lebensgefährten und meiner Schwester nach Stendal, weil meine Mutter dort eine HO-Gaststätte (Restaurant) übernahm, zu der eine für die damalige Zeit sehr attraktive Dienstwohnung gehörte. Hinter dem Haus befand sich ein kleiner Park.

Das Haus, das auf einem gemauerten Sockel stand, war ein Fachwerkhaus. Zur Straße hin erstreckte sich ein mit Büschen und kleineren Bäumen bewachsener Vorgarten.

Ich beendete Anfang Juli 1954 die »Pestalozzi-Schule« in Frankfurt/Oder und wohnte bis zum letzten Schultag bei meiner Tante. Nachdem ich mein Abschlusszeugnis hatte, folgte ich der Familie nach Stendal.

Meine Mutter hatte mich in der Winckelmann-Oberschule in Stendal für die neunte Klasse angemeldet. In den Sommerferien 1954 nahm ich an einem Ernteeinsatz teil. Vom verdienten Geld kaufte ich mir ein gebrauchtes Fahrrad vom Typ »Wanderer«. Es war relativ schwer und hatte Vollballonreifen. Am 1. September begann die Schule um Punkt acht Uhr. Am Tag davor schaute ich mir die Strecke an, denn ich kannte die Stadt nicht genau, weil wir am nördlichen Stadtrand wohnten und die Schule sich ziemlich im Zentrum der Stadt befand. Außerdem war ich fast die gesamte Ferienzeit im Ernteeinsatz gewesen.

Zwei oder drei Minuten nach Beginn der Veranstaltung zur Eröffnungsfeier des neuen Schuljahres in der Aula kam ich mit meinem Fahrrad an. Zaghaft klopfte ich an die riesige Tür der Aula. Ein Lehrer öffnete die Tür einen Spalt und fragte: »A oder B?« Ich hatte absolut keine Ahnung, was das bedeutete, und antwortete: »B«. Der Lehrer zeigte mir die Stuhlreihe, in der ich Platz nehmen sollte. So bin ich beim naturwissenschaftlichen Zweig gelandet. Das war mir sehr recht und ich habe mich auch in der Klasse wohlgefühlt. Dann ging es in die Klassenräume und die Vorstellung der Schüler begann. Die meisten Schüler kannten sich und wussten, mit wem sie auf einer Bank sitzen wollten. Es blieb außer mir ein leicht verwachsener Junge übrig. Wir setzten uns gemeinsam auf eine Bank. Dann begann die Vorstellung. Ich habe so bei mir gedacht: »Ihr werdet staunen, wo ich herkomme.« So kam es dann auch. Zwar nicht so, wie ich's mir gedacht, sondern auf eine andere, aber durchaus unterhaltsame Weise. Schließlich war ich dran. Ich bin nicht mehr dazu gekommen, mich vollständig vorzustellen. Denn kaum hatte ich den Namen meiner Schule genannt, begann ein schallendes Gelächter. Selbst die Lehrerin schmunzelte. Ich war sowas von sauer und wütend, und keiner wollte mir sagen, warum sie alle so gelacht hatten. Dann endlich, in der großen Pause, verriet es mir ein Mitschüler. »Pestalozzischule«, wie ich sie in Frankfurt/Oder besucht hatte, hieß hier in Stendal die Hilfsschule!

Nun musste ich selbst grinsen und verzieh natürlich allen.

Da wir zu Hause viel Platz hatten, kaufte der Lebenskamerad meiner Mutter einen Schäferhund. Leider hatte der Lebensgefährte meiner Mutter kein Geschick, mit dem Hund umzugehen. Der Schäferhund war vielleicht ein halbes Jahr alt. Als er die relativ schmale, lange Treppe heruntergehen sollte, hatte er Angst und zögerte. Da stieß er ihn die Treppe herunter. Seit dieser Zeit hatte der Hund immer Angst vor Treppen. Später sprang er die Treppen oft in zwei, drei Sätzen hinunter.

So kam es, dass ich mich um ihn kümmern musste. Es hat mir Spaß gemacht und ich habe auch einiges dabei gelernt.

Als erstes musste der Hund lernen, neben dem Fahrrad an der Leine zu laufen. Wir fuhren etwa einmal in der Woche zur Tierverwertung, um für ihn Fleisch zu holen. Ich lernte, dass er am liebsten Kalbfleisch fraß und er Schweinefleisch liegen ließ. Er hungerte dann lieber. Wir hatten am Hausgiebel einen Hundezwinger mit Hundehütte. Ich gab ihm das Fleisch, das wir geholt hatten, in den Zwinger. Er fraß sich satt und vergrub den Rest im Boden. Ich staunte nicht schlecht, als er einiges davon am nächsten Tag wieder ausgrub. Er schüttelte es aber »sauber«, bevor er es fraß.

In der kalten Jahreszeit nahm ich ihn mit in mein Zimmer. Er durfte dann auf meinem Bettvorleger schlafen. Aber er versuchte mich auszutricksen. Kaum, dass ich eingeschlafen war, sprang er in mein Bett und legte sich ans Fußende. In kalten Nächten hatte ich dadurch immer warme Füße.

Einmal erwischte ich ihn doch. Als ich wach wurde, merkte ich, dass er auf meinen Füßen lag. Ich öffnete ganz vorsichtig die Augen und schaute in die weit geöffneten Augen des Hundes, der sofort aus dem Bett sprang und sich auf den Bettvorleger legte, mit der denkbar unschuldigsten Miene.

Am liebsten schaute er aus dem Fenster. Wir hatten beide nebeneinander Platz. Eine unangenehme Fertigkeit praktizierte er manchmal. Er hatte mitbekommen, wie man die Tür mit der Klinke öffnete. Aber schließen konnte oder wollte er sie nicht! Unser Schäferhund hieß »Quast vom Alpengrund« und war aus einer Zucht schon als Welpe selektiert worden.

Aus beruflichen Gründen meiner Mutter zogen wir ein Jahr später nach Gommern bei Magdeburg. Hier besuchte ich die zehnte Klasse und begann danach die Lehre als Elektromonteur im Starkstromanlagenbau Magdeburg.

In Gommern existierte ein Turnverein. Ich trat ein und turnte fortan, bis ich zur Abendoberschule in Magdeburg ging. Wir hatten zweimal in der Woche Training und nahmen an den Kreis- und Bezirksmeisterschaften teil. Diejenigen, die mindestens zwei

Drittel der maximal erreichbaren Punktzahl bekamen, wurden zu den DDR-Meisterschaften in Leipzig zugelassen. In diesem Jahr waren wir Teil des Rahmenprogramms zur Einweihung des Zentralstadions in Leipzig.

2. Kapitel

Ausbildung und Beruf

Im Herbst 1956 begann ich die Lehre als Elektromonteur beim Starkstromanlagenbau in Magdeburg. Ab September 1957 besuchte ich den Abendkurs der Otto-von-Guericke-Schule, um das Abitur zu machen. Nachdem ich im Sommer 1959 die Lehre mit dem Gesellenbrief beendet hatte, begann ich im September desselben Jahres das Physikstudium (1959–1965) an der Martin-Luther-Universität in Halle (Saale). Das Abitur hatte ich im Mai 1959 im Abendkurs der Otto-von-Guericke-Schule abgeschlossen. Nach fünfeinhalb Jahren Studium wurde ich im Frühjahr 1965 wissenschaftlicher Assistent und graduierte mich zum Dr. rer. nat. und zum Dr. habil. für das Fach Biophysik und Medizinische Physik an der Martin-Luther-Universität in Halle (Saale). 1985 erfolgte die Berufung zum Dozenten. Gleichzeitig nahm ich an einem Lehrgang zur Hochschulpädagogik teil. Damit erwarb ich die »facultas docendi«, das war der Nachweis für die Lehrbefähigung.

Seit 1973 war ich mit der Ausbildung der Medizinstudenten und Stomatologen in Physik und Medizinischer Physik sowie eine Zeit lang mit der Ausbildung der Biologen im Fach Biophysik befasst. Mein Forschungsgebiet war die Ultraschallphysik und Ultraschalldiagnostik.

Für die Hochschullaufbahn musste man ein Jahr in einer Forschungseinrichtung des »sozialistischen Auslandes« arbeiten. Zu diesem Zweck waren gute Sprachkenntnisse der betreffenden

Landessprache nachzuweisen. Es kam allein aus diesem Grunde nur Russland in Frage!

Arbeitsaufenthalt am Institut für Biophysik der Akademie der Wissenschaften der UdSSR

Da mein Chef den Leiter des Institutes für Biophysik der Akademie der Wissenschaften der UdSSR in Puschtschino gut kannte, fuhr ich nach Beendigung eines dreimonatigen Russischkurses in Halle nach Puschtschino, südlich von Moskau an der Oka gelegen. Ursprünglich sollte ich dort wesentliche Teile meiner Arbeit zur Habilitation machen. Aber der Leiter des biophysikalischen Institutes betraute mich mit einer anderen Arbeit, die nicht zu meinem Arbeitsgebiet passte. Also wurde aus der Arbeit zur Habilitation nichts. Meinem Chef schrieb ich darüber einen mehrseitigen Brief. Eine Antwort erhielt ich nicht! Nun saß ich praktisch in der Falle und versuchte das Beste daraus zu machen.

Der Beginn verzögerte sich noch dadurch, dass die Akademie der UdSSR für diesen Aufenthalt eine Genehmigung erteilen musste, da ich von der Universität und nicht von einer Akademieeinrichtung delegiert worden war. Ich brauchte allerdings nur ein halbes Jahr dort zu bleiben. Aufgrund der Situation war mir das ganz recht. Ich fuhr im Oktober 1980 nach Russland und Ende März 1981 wieder nach Hause.

Im obersten Stockwerk des Internates existierte ein »Club«, der sich »Interklub« nannte. Hier trafen sich wöchentlich junge Wissenschaftler aus den verschiedenen Ländern, die als Gäste in den Akademieinstituten arbeiteten. Zum Standardprogramm im

Interklub gehörte unter anderem die Vorstellung des Herkunftsortes des einzelnen Teilnehmers, natürlich in Russisch. Das war für mich recht aufwändig. Der Grund war der, dass ich im Labor kaum Russisch sprechen konnte, da mein Kollege unbedingt Deutsch mit mir reden wollte.

Gleich nach meiner Ankunft in Puschtschino wurde ich in den ersten Wochen in einem Hotel untergebracht, bis ein Quartier im Internat frei wurde. Es war ein mehrstöckiger Plattenbau. Das war deutlich bequemer und ich war mein eigener Herr. So konnte mich meine Familie zwischen Weihnachten und Neujahr besuchen. Der Schulunterricht dauerte dort noch etwa eine Woche. Meinen älteren Sohn hatte ich für ein paar Tage in der Schule angemeldet. Er war auch einverstanden. Aber am dritten Tag eröffnete er uns, dass er nicht mehr hingehen werde. Sein Argument war: »Stellt euch vor, die Deutschlehrerin sagte mir, ich solle mich vor die Klasse stellen und den Deutschunterricht machen, nein, das mache ich nicht mehr. Ich soll den Unterricht machen und die Lehrerin kriegt das bezahlt!« Das war es dann!

Unser »Kleiner« ging vor die Tür und spielte in dem begrünten Umfeld mit den Russenkindern. Das schien ihm offenbar Spaß zu machen. Eines Tages brachte er seinen Freund mit in die Wohnung. Der Freund hatte sich »fein« gemacht. Er hatte eine blitzsaubere Offiziersmütze auf dem Kopf, vermutlich gehörte sie seinem Vater, und stolzierte wie ein Pfau herum.

Wir fragten unseren Jüngsten, ob er inzwischen Russisch sprechen könne. »Nein, wozu?«

Das gemeinsame Spielen machte offenbar keinerlei Probleme. Vielleicht hatten sie auch eine eigene Kommunikation entwickelt.

Bevor meine Familie wieder nach Hause fuhr, verbrachten wir noch einen ganzen Tag in Moskau. Für unseren Großen war das Museum für Raumfahrt sehr interessant. Es waren die Sojus-Raumschiffe ausgestellt, die man auch begehen konnte. Wir verbrachten zwar einen ganzen Tag in Moskau, aber es war zu wenig Zeit, um noch irgendetwas anderes zu unternehmen.

Als der Winter sich mit Nachtfrösten und vereinzelten Schneefällen ankündigte, kamen drei Frauen von der Verwaltung, die die Wohnung »winterfest« machten. Sie klebten die Fenster mit Papierstreifen zu und ließen zum Lüften nur ein Oberlicht frei.

Eines Abends bekam ich einen Anruf, dass am anderen Tag morgens gegen drei Uhr ein Pole bei mir vorübergehend einquartiert werden würde. Die Nacht war damit gelaufen. Aber wir haben uns gut verstanden und er blieb nur etwa eine Woche.

Das »Jolkafest« – unser Weihnachten – rückte näher und unser Institut richtete Mitte Januar ein Fest aus, das mitten im Wald gefeiert wurde. Gegen 19 Uhr versammelten wir uns alle vor dem Institut. Jeder zog einen Schlitten, beladen mit Proviant und anderen Dingen, die wir eventuell brauchen würden (von der Reiseapotheke bis zum Spaten).

Bevor wir loszogen, wurde meine Kleidung noch von den Damen kontrolliert. Man war besorgt, dass ich nicht warm genug angezogen sei. Schwerpunkt waren eine Weste unter dem Mantel und lange Unterhosen. Die Damen, die mich untersuchten und befragten, waren zufrieden, und dann ging es endlich los. Es fing leicht an zu schneien.

Nach einer reichlichen halben Stunde durch den Wald im wadentiefen Schnee sahen wir Licht durch die Bäume schimmern. Eine Vorhut, die schon gegen Mittag losgezogen war, hatte einen überdimensional langen »Brettertisch«, der von beiden Seiten durch Bänke flankiert war, aufgebaut. Als ich auf die kleine Lichtung trat, eröffnete sich mir ein märchenhafter Anblick. Auf dem Tisch glitzerten viele tausend Schneekristalle wie Diamanten im flackernden Licht der im tiefen Schnee brennenden Feuer.

In gebührendem Abstand standen die schwarzen Schatten der Kolleginnen und Kollegen. Ein unwirklicher Anblick wie im Märchen. Wir sangen und machten burschikose Kinderspiele. Bei den Spielen hatte man aber vorher beraten, ob man sie mir zumuten könne. Ich verstand zwar nicht alles, aber ich nickte zustimmend, und schon lag ich im Schnee. Schwere Leiber folgten und drückten mich tiefer in den Schnee. Die lieben Kolleginnen ließen erst ab, als ich in Luftnot geriet. Für die anderen war es ein Heidenspaß.

1985 wurde ich zum Hochschuldozenten berufen. Es folgte die Kooperation mit dem physikalischen Institut der Universität Gdansk und der Universität Pisa auf dem Gebiet der Strukturuntersuchung mit Ultraschall. Außerdem erfolgten mehrfach Arbeitsbesuche an den Universitäten Florenz, Pisa, Neapel und Triest. Diese Zusammenarbeit wurde vom Ministerium für wissenschaftlich-technische Zusammenarbeit mit dem NSW (Nichtsozialistisches Währungssystem) in der DDR unterstützt. Da mein Chef zu den entsprechenden Abteilungen einen guten Draht hatte, konnten außer mir noch drei ältere Assistenten aus unserem Institut derartige Reisen unternehmen!

Bild 9: Der Autor nach der Verteidigung der Promotion im großen Hörsaal (Mai 1976).

Während eines vierwöchigen Aufenthaltes an der Universität in Florenz bat man mich, einen öffentlichen Vortrag über meine Arbeiten zu halten. Danach sollte ich ins Sekretariat kommen. Der Institutschef wollte mir den Vortrag bezahlen und brauchte meine Bankverbindung. Ich bekam einen fürchterlichen Schreck und brauchte eine Weile, um ihn von der Unmöglichkeit seines Vorhabens zu überzeugen. Da ich 1988 mit dem Zug über München nach Halle zurückfahren konnte, überwies er das Geld an eine Filiale der Deutschen Bank in München. Die Überweisung war an mich persönlich adressiert und wurde mir nach Vorlage meines Reisepasses ausgehändigt. Es klappte reibungslos. Die nächste Hürde war die Kontrolle an der bayerischen Grenze. Oh Gott, wie habe ich vor Angst gezittert! Aber es ging alles gut, denn mein Gepäck wurde nicht kontrolliert. Es gab nur eine Passkontrolle!

Ein paar Tage, nachdem ich wieder zu Hause war, bin ich mit der Familie in den Intershop einkaufen gegangen.

Ein Tag für ein halbes Leben

Bis zu jenem Tag, als ich den Kollegen Werner zufällig traf, hatte er gedacht, ich sei damals gleich in den Westen gegangen. Heute bin ich froh, ihm begegnet zu sein. Warum? Der Hauptgrund ist der, dass es viele unbeantwortete Fragen gab, vieles, was ich mir erklären, aber emotional nicht verarbeiten konnte.

Das, was geschah, war beinahe typisch für die Zeit vor nunmehr über zwanzig Jahren. Das Erstaunliche: Kaum jemand kennt das Procedere der Erneuerung der Hochschulen und der Rest will es nicht wahrhaben. Das alles geschah in der hoffnungsvollen Zeit der Wiedervereinigung, die fast alle sehnsüchtig angestrebt und für die viele gearbeitet haben.

Ich trat im Frühjahr 1990 in das Neue Forum ein, und zwar in die Arbeitsgruppe Hochschulbildung, und schließlich arbeitete ich in der Initiativgruppe zur Erneuerung der Universität. Dort war ich bis zu ihrer Auflösung Mitte 1991 beschäftigt.

Zwischen 1991 und Mitte 1992 fand die Evaluierung der noch verbliebenen Wissenschaftler und Hochschullehrer an der Universität Halle statt, um die Erneuerung der Hochschulen im Lande voranzubringen. Ein großer Teil derjenigen, die hohe Parteifunktionen bekleideten und/oder für die Stasi arbeiteten, also die stark belasteten Personen, wie es zu jener Zeit hieß, war allerdings schon weg und fand in den alten Bundesländern oder zum Teil auch im Ausland eine attraktive Stelle. Die Irrungen und Wirrungen sollen hier aufgezeigt werden.

Der Tag, an dem ich vor die Personalkommission der Medizin geladen werden sollte, rückte heran.

Es war der 14. 4. 1992, ein Tag, der mein Leben letztmalig nachhaltig veränderte.

Während ich in einem großen Raum bei blendend hellem Licht wartete, zog mein bisheriges Leben vor meinem geistigen Auge vorbei!

1954 hatte ich mich entschieden, zur Oberschule zu gehen. Meine Lehrer hatten das für eine gute Entscheidung gehalten. In der zehnten Klasse hatte ich die Schule verlassen, um einen Beruf zu erlernen, denn das Geld war zu Hause sehr knapp gewesen. Auf der Abendschule hatte ich mein Abitur nachgeholt und mich für das Physikstudium beworben. Diese Zeit hatte mich geprägt. Ich war frühzeitig selbständig geworden und hatte schon in der Jugend ein starkes soziales Gefühl entwickelt. Das hatte sich darin geäußert, dass ich als Schüler und dann als Lehrling Schwächeren geholfen hatte.

1967 hatte ich die Tochter eines Pfarrers geheiratet. Ich kannte dann nur noch meinen Beruf und meine Familie. Beruflicher Ehrgeiz und Glück hatten es mir erlaubt, eine bescheidene Karriere aufzubauen. Schließlich war ich Hochschuldozent geworden, und später ein Opfer der Hochschulerneuerung. Meine Geschichte erscheint absurd, es könnte nicht sein, wie es dann war.

Es begab sich zur Zeit der Evaluierung des wissenschaftlichen Personals an den Hochschulen des Landes. Ich wurde, wie auch andere, vor die zu diesem Zweck gegründete Personalkommission geladen.

Ich war wahnsinnig gespannt auf die »Befragung« durch die Kommission. Der Tag rückte heran, und am späten Nachmittag des 14. April 1992 sollte ich mich an einem in der Vorladung angegebenen Ort einfinden. Ich war pünktlich und wurde in einen sehr hell erleuchteten Raum geführt. Dort ließ man mich allein. Die Fenster waren vergittert und man hieß mich warten, bis ich aufgerufen werde. Mein Herz schlug mir bis zum Halse. Kalter Schweiß trat mir auf die Stirn. Es dauerte fast eine Stunde, bis ich aufgerufen wurde. In dem Raum, den ich betrat, saßen zwölf Personen, Professoren, Dozenten, habilitierte Oberärzte und Oberassistenten. Einige kannte ich. Das war also die Kommission, die einen Vorschlag über Weiterbeschäftigung oder Nicht-Weiterbeschäftigung an der Universität erarbeiten sollte. Nun hatte ich einen »Makel«: Ich war viele Jahre Mitglied der

SED gewesen, allerdings ohne eine politisch relevante Funktion auszuüben oder politisch in Erscheinung zu treten.

Das kam so:

Ich war Lehrling, als man mich fragte, ob ich in die SED eintreten wolle. Ich sagte schließlich zu, denn der damalige Parteisekretär hatte mich in einer kurzen Rede vor der Einberufungskommission vor dem Dienst in der Armee bewahrt. Er meinte, dass ich als Hochschulabsolvent nützlicher für den Staat sein könne. Das fand ich mutig und stark! Es schien mir eine gute Sache zu sein. Soweit ich mich erinnerte, hatte er im Grunde eine sozialdemokratische Gesinnung. Das gab es in den fünfziger Jahren noch, wenn auch nur vereinzelt.

Die Befragung begann:

»Sagen Sie uns bitte, was Sie dazu bewogen hat, bereits als Jugendlicher Mitglied der SED zu werden!«

»Beim Aufbau des Sozialismus effektiv mitzuhelfen.« Das war meine Überzeugung! Schließlich hatte auch der Parteisekretär dafür gesorgt, dass ich nicht zur Armee musste, und das war sehr wichtig für mich!

Die Verständnislosigkeit der Anwesenden war allgemein. Es gab dazu noch einige belanglose Fragen.

Ein anderer fragte: »Hatten Sie Kontakt zur Stasi?«

»Ja, man hat mich kontaktiert, wie auch andere, aber informeller Mitarbeiter bin ich nicht geworden.« Hier hätte ich von vornherein verneinen sollen, aber ich war eben eine ehrliche Haut und reichlich naiv. Eine spätere Überprüfung ergab, dass über mich in der Tat keine diesbezüglichen Akten bei der Stasi existierten. Etwa fünfzehn Jahre später habe ich wiederholt einen Antrag auf Einsicht in meine Akten gestellt. Es hat sich nichts Neues ergeben.

Über die Fragen, die man mir stellte, wunderte ich mich sehr. Ich hatte das Gefühl, dass man mich loswerden wollte. Aber ich wusste zu diesem Zeitpunkt beim besten Willen nicht, warum. Meine Arbeit hatte ich ordentlich verrichtet! Erst viel später hat es mir ein Kommissionsmitglied anvertraut, ohne es direkt auszusprechen, denn das wäre für den Betreffenden unter Umständen »tödlich« gewesen.

Nach etwa einer Stunde zog sich die Kommission zur Beratung zurück. Das hieß dann, ich hatte den Raum zu verlassen. Nach geraumer Zeit wurde ich noch einmal hereingerufen. Es gab dann noch zwei, drei kurze Fragen und dann erklärte man mir, dass ich Bescheid bekäme. Wieder und wieder ging mir die Befragung durch den Kopf. Die Ungewissheit war schrecklich.

Der Bescheid kam nach einigen Wochen und es waren nur zwei Stimmen, die für eine Weiterbeschäftigung plädierten und zehn waren dagegen. Immer wieder habe ich mit zitternden Händen auf das Papier gestarrt und konnte es nicht glauben! Eine Begründung für diese Entscheidung habe ich nicht erhalten. Offensichtlich hatte aber der Amtsschimmel geschludert, denn ich erhielt eine Kündigung, die auf denselben Namen eines Professors lautete! Die Änderung folgte auf dem Fuße. Ich wurde zum ersten Januar des Jahres 1993 entlassen und klagte dagegen.

Nach erst zweieinhalb Jahren wurde ich vom Arbeitsgericht voll rehabilitiert und musste zu denselben Bedingungen wie vorher weiterbeschäftigt werden. So stand es im Urteil! Es gab viele Kollegen, die sich mit mir gefreut und mir gratuliert haben.

Mir wurde übrigens anheimgestellt, Stimmen von Kollegen beizubringen, die für eine Weiterbeschäftigung plädierten. Sie drückten ihr Befremden gegenüber der Abberufung aus.

Es waren fünfzehn Personen, die dies schriftlich äußerten. Neben meiner relativen politischen Inaktivität wurde mir von ihnen auch hohe Fachkompetenz bescheinigt.

Aber es half nichts! Sogar Mitglieder der Bundestagsfraktion der FDP und der SPD haben die Vorgehensweise unseres Kultusministeriums kritisiert!

Man versuchte dann allerdings seitens einiger Fakultätsmitglieder, meine Arbeit in mannigfacher Form zu behindern. Für einige Funktionäre war ich de facto nicht mehr da! Andererseits wurde das Urteil offensichtlich nicht von allen akzeptiert.

Es war für mich eine harte Zeit, die vieles in meinem Leben veränderte. Aber immerhin, es gelang mir, internationale Anerkennung zu erringen, und ich nahm erfolgreich Gastdozenturen und Gastprofessuren im Ausland wahr. Sie wurden von der Deutschen Forschungsgemeinschaft in Bonn unterstützt. Doch die Demütigungen durch einige Mitglieder und Funktionäre der Fakultät habe ich bis zu meinem Ruhestand nicht wirklich überwunden. Das Schlimmste waren die Denunziationen. Es begab sich Folgendes:

Ich hatte mich zu einer internationalen Tagung in Göttingen mit einem Vortrag angemeldet. Die Tagungsleitung hatte meinen Vortrag ins Programm aufgenommen. Ein paar Tage später hatte man mich gefragt, ob ich auch die Leitung dieser Sitzung übernehmen würde. Das Programm wurde gedruckt und verschickt. Zwischenzeitlich hatte man aus Halle an die Tagungsleitung geschrieben, dass ich gegen das Land prozessiere und man mich deshalb nicht mit der Leitung einer Sektion betrauen könne. Das erfuhr ich nur, weil mich die Kollegen aus Göttingen über diesen Vorgang schriftlich informierten. Sie entschuldigten sich und baten mich eindringlich, trotzdem an der Tagung teilzunehmen. Die Leitung der Sektion übernahm dann mein Chef!

Mein Antrag auf eine außerordentliche Professur wurde abgelehnt, obwohl mir mein Chef zu einem Antrag geraten hatte.

Die zu »DDR-Zeiten« publizierten Arbeiten wurden in der Publikationsliste nicht gewertet. Immerhin kamen doch noch über einhundertundneunzig wissenschaftliche Arbeiten zusammen. Die meisten davon im neuen Deutschland.

Als arbeitsloser Wissenschaftler und dann als »Ruheständler« hielt ich Vorlesungen und Seminare an unserer Uni und an der FH Mittweida. Außerdem arbeitete ich in einem privaten Weiterbildungsinstitut als Dozent.

Schließlich nahm ich am Herder-Programm des Deutschen Akademischen Austauschdienstes für emeritierte Hochschullehrer teil, bekam 2005 eine von der DFG geförderte Gastdozentur an der TU Riga und 2007 sowie 2008 an der Babeş-Bolyai-Universität in Klausenburg (Rumänien) an der Physikalischen Fakultät und 2008 an der Physikalischen und Chemischen Fakultät.

Neulich traf ich auf einer Veranstaltung einen Kollegen. Ich ging auf ihn zu. »Hallo, Herr Kollege, welch ein Zufall! Wie geht es Ihnen?« Er war total überrumpelt, so dass ich meine Begrüßung schnell herunterreden konnte. Nach ein paar Sekunden erkannte er mich und wir kamen ins Schwatzen. Im »Ruhestand« hatte sich nicht allzu viel ereignet, wie er meinte.

Eine Neuigkeit gab es doch. »Stellen Sie sich vor, beide Kollegen, die im Vorfeld der Evaluierung für Ihre Entlassung gesorgt haben, sind schon gestorben.«

Das hat mich sehr betroffen gemacht. Der Jüngere war in meiner »Abwesenheit« zum Professor berufen worden. Er war es nur für eine kurze Zeit gewesen, und die war offenbar ausgefüllt mit viel Verdruss. Der Jüngere war nicht einmal achtundfünfzig Jahre alt geworden.

Obwohl sie erreicht hatten, was sie wollten, nämlich meine Stelle zu besetzen, hatten sie nicht viel davon gehabt. Der Ältere konnte sich zwar durch sein Verhalten in der Fakultät »retten« und wurde in der Position als Institutsdirektor bis zu seiner Emeritierung weiter beschäftigt.

Es gab viele Pressestimmen zur Erneuerung der Struktur der Martin-Luther-Universität Halle (Mitteldeutsche Zeitung, Der Spiegel und andere).

Die Entscheidung der Personalkommission der medizinischen Fakultät für meine Abberufung beziehungsweise Kündigung wurde dem Hauptpersonalrat mitgeteilt. Die in dieser Information angegebenen Gründe für die Abberufung waren vom Hauptpersonalrat nicht nachvollziehbar. Trotzdem erfolgte die Kündigung und Abberufung zum 31.12.1992. Die Stellungnahme des Personalrates wurde also nicht eingeholt und folglich bei der Entscheidung nicht berücksichtigt.

Wie schon erwähnt erhob ich Einspruch gegen die Kündigung und Abberufung beim Arbeitsgericht. Die Begründung für die Abberufung strotzte vor Fehlern in den Tatsachen und von Allgemeinplätzen in den Beurteilungen, wie sie auch häufig in den Schulen vorkamen. Das wurde im Schriftsatz des Arbeitsgerichtes zur Ablehnung der Kündigung dargelegt. Es folgte ein längerer Schriftverkehr. Das Land erhob Einspruch.

Am Ende des Prozesses wurde ich schließlich voll rehabilitiert und sollte wieder zu den gleichen Bedingungen weiterbeschäftigt werden, so, als wäre ich nie gekündigt oder abberufen worden.

Auf eine Anfrage beim Kultusministerium erhielt ich Mitte März 1994 die folgende Antwort vom Justiziariat des Ministeriums:

»… hiermit bestätige ich Ihnen, dass im Rahmen des Verfahrens zur Überprüfung der persönlichen Eignung nach dem 7. Abschnitt des Hochschulerneuerungsgesetzes nach Empfehlung der Personalkommission des Bereiches Medizin der Martin-Luther-Universität Halle-Wittenberg am 14.04.1992 das Arbeitsgericht Halle durch Urteil vom 05.10.1993 sowie das Landesarbeitsgericht Halle durch Urteil vom 23.11.1994 festgestellt haben, dass das zwischen Ihnen und dem Land Sachsen-Anhalt bestehende Arbeitsverhältnis nicht durch die Kündigung des Landes Sachsen-Anhalt vom 28.09.1992 zum 31.12.1992 geendet hat.

Im Auftrage …«

Die Freude war groß, aber es sollte noch fast ein Jahr vergehen, bevor die tatsächliche Wiedereinstellung vollzogen wurde. Zunächst wurde ich als wissenschaftlicher Mitarbeiter und nicht als Hochschullehrer eingestellt. Das war de facto ein Berufsverbot! Trotz des Urteils! Zu Beginn der Evaluierung waren die schlimmsten, ich will sagen, die am stärksten belasteten Kollegen schon weg, hatten eine Stelle in den alten Bundesländern oder im westlichen Ausland bekommen, und es waren unter ihnen fachlich gute Leute.

Es gab auch einige Hochschullehrer, die sich einklagten und mit dem Ministerium einen Deal aushandelten, dergestalt, dass sie zwar Hausverbot erhielten, aber ein Studienjahr lang das volle

Gehalt bekamen, obwohl sie inzwischen einen gut bezahlten Job in den alten Bundesländern hatten. Man mag es kaum glauben, aber es gab sehr merkwürdige, kaum nachvollziehbare Vorgänge. Mein Rechtsanwalt aus Marburg, der für die Gewerkschaft in Sachsen-Anhalt arbeitete, lud mich zu einer entsprechenden Verhandlung ein. Wenige Jahre später staunte ich nicht schlecht, als das Land über Geldmangel klagte. Frei nach dem Motto »Koste die Erneuerung (Säuberung), was sie wolle« war man mit dem Geld sehr großzügig verfahren. Doch es hätte auch andere Möglichkeiten gegeben!

Trotz alledem gab es in dieser Zeit de facto bis zum Herbst 1995 keine Möglichkeit, mich erfolgreich zu bewerben oder Forschungsgelder einzuwerben. Intern kursierte das Gerücht über die Existenz sogenannter schwarzer Listen! Darin sollen die Namen der negativ evaluierten Wissenschaftler gestanden haben, mit dem unausgesprochenen Hinweis, sie nicht einzustellen. Das erfuhr ich nebenbei fast am Ende dieser Odyssee!

Es wurde in einigen neuen Bundesländern mit der Bewerbung die Vorlage des sogenannten »Persilscheins« verlangt. So nannte man im Jargon die Bescheinigung über die positive Evaluierung. Ich erinnere mich an einen Fall, in dem ich gute Chancen auf eine Stelle hatte. Wir waren mit der Berufungskommission schon bei den Modalitäten eines möglichen Umzuges angekommen!
  Prompt wurde ich, fast wie nebenbei, nach diesem Schein gefragt. Ich bekam eine Frist von zwei Wochen, um ihn nachzureichen. Diese Zeit reichte nicht! Da das vollständige positive Gerichtsurteil und die Bestätigung durch das Ministerium noch

nicht vorlagen, war die Stelle weg! Ich bekam den »Persilschein« etwa drei Wochen danach.

Es gelang mir durch Teilnahme an Kongressen und Kontaktaufnahme zu ausländischen Wissenschaftlern in den USA, der Schweiz, England, Irland, Lettland und Tschechien wissenschaftliche Beziehungen aufzubauen. So war ein mehrwöchiger Aufenthalt des auf seinem Fachgebiet weltbekannten Wissenschaftlers Prof. Dr. L. Katz von der CWRU (Case Western Reserve University) in Cleveland (Ohio) in meiner Arbeitsgruppe dank der Unterstützung unserer Universitätsleitung möglich geworden. Prof. Katz wurde vom Rektor unserer Universität zum Gastprofessor berufen. Siehe weiter unten! Er war der erste Gastprofessor aus den USA an der Medizinischen Fakultät unserer Universität, und das in meiner erst kürzlich gegründeten kleinen Arbeitsgruppe.

Es war schon verrückt!

Eine enge Zusammenarbeit existierte mit der Klinik für Orthopädie, insbesondere mit dem »Knochenlabor« und dem Fraunhofer-Institut für Mechanik in Halle.

Zu vielen internationalen Kongressen wurde ich eingeladen. Ich war Member of the Board of the ESEM (European Society of Engineering and Medicine) und für kurze Zeit auch ihr Schatzmeister. Der Grund für die zeitliche Begrenzung dieser Funktion lag darin, dass von der Filiale der Deutschen Bank in Halle die von mir vorgelegten Papiere zur Einrichtung eines Kontos nicht anerkannt wurden. Es sollten die beglaubigten Übersetzungen der Originale aus Belgien vorgelegt werden und das ging gleich gar nicht!

Es stellte sich sehr schnell heraus, dass die Evaluierung zum Teil erhebliche Lücken und Verwerfungen in der Hochschullandschaft hinterlassen hatte. Diese Lücken mussten geschlossen werden. Es wurden recht großzügig Hochschullehrer (Professoren und Oberassistenten) aus den alten Bundesländern berufen. Das waren dann Professoren neuen Rechts. Daraus ergaben sich folgerichtig einige Reibereien, da sie auch recht großzügig bezahlt wurden und sich häufig Chancen für ihre Kariere auftaten.

Am besten wurde die Situation durch den Präsidenten der Berlin-Brandenburgischen Akademie der Wissenschaften, Professor Dr. Dieter Simon, 1997 in der Süddeutschen Zeitung beschrieben:

»Die West-Theorie besagte, dass die Besten, und von diesen wieder die Idealisten, nach Osten ziehen würden. Gelegentlich war das so.« Doch im Ergebnis wurden im Westen »auch die hinteren Ränge völlig ausgeräumt und noch die drittklassigste Begabung aus dem Wartestand erlöst« (Süddeutsche Zeitung Nr. 144, 1997).

Eine berufliche Zukunft aber, nein, die hatte ich demnach nicht mehr. Doch letztlich bin ich engagiert im neuen Deutschland angekommen und darüber bin ich glücklich, wenn auch cum grano salis. Aber meinen kritischen Blick für die gesellschaftspolitische Entwicklung habe ich bewahrt, ja geschärft!

Weitere Arbeit und Reiseaktivitäten

Arbeitsaufenthalt in den USA

Nach meiner Rehabilitierung konnte ich im Wesentlichen meine Vorstellungen über meine Arbeit realisieren.

Das fing damit an, dass ich durch Vermittlung eines Studenten einen weltbekannten Wissenschaftler aus den USA auf meinem Arbeitsgebiet kennenlernte. Ich lud ihn nach Halle ein, um eine Gastprofessur für ein Semester an unserer Fakultät in meiner Arbeitsgruppe wahrzunehmen. Er sagte sofort zu, und so kam er dann 1998 nach Halle. Das hatte ich vorher allerdings mit der Unileitung abgesprochen. Es kam dann zur Gastprofessur für den schon erwähnten Laurence Katz vom Institut für Bioengineering der CWRU (Case Western Reserve University) in Cleveland (Ohio) an unserer Uni in meiner Arbeitsgruppe.

Bild 10: Von links nach rechts: Prof. Dr. Kreckel, Rektor der Martin-Luther-Universität, Prof. Dr. Katz und Autor bei der Unterschrift der Urkunde.

Die Universität hat mich in dieser Beziehung unterstützt. Es war bis jetzt die einzige Gastprofessur aus den USA, die an der Medizinischen Fakultät wahrgenommen wurde, wie mir Mitarbeiter des Rektorates sagten.

Schließlich lud mich Professor Katz nach Cleveland ein, um in seinem Labor zu arbeiten und ihn und seine Kollegen näher kennenzulernen. Bei ihm arbeitete auch eine Assistentin aus Thailand, die den PhD in Biomedical Engineering erwerben wollte. Sie war eine sehr fleißige junge Frau und verwendete viel Zeit darauf, die Vorlesungen für Professor Katz vorzubereiten. Selbstverständlich war sie dann auch bei den Vorlesungen anwesend und assistierte ihm.

In Thailand arbeitete sie als Professorin an einer Klinik im Norden des Landes.

Für mich war der Aufenthalt in Cleveland in vielerlei Hinsicht eine sehr interessante Zeit. Den »Dienstausweis« für die Uni (CWRU – Case Western Reserve University) habe ich zur Erinnerung aufgehoben!

Manchmal schaue ich ihn mir an und denke dann an die interessante Zeit, die ich in Cleveland an der Uni verbrachte.

Das Leben ist dort anstrengender, vor allem unsicherer, als in Deutschland.

Eines Tages gab es eine große Aufregung. Was war geschehen?

In Milwaukee (Wisconsin) wurde eine USA-weit bekannte Universität geschlossen. Das lief etwa so ab: Am Freitag wurden alle Mitarbeiter, einschließlich Professoren, entlassen und am darauffolgenden Montag war die Uni geschlossen! Viele Spezialisten waren plötzlich arbeitslos. Freilich, die meisten fanden einen neuen Job. Aber die Familien hatten eine stressige Zeit durchzumachen. Einem bekannten Professor bot man beispielsweise einen attraktiven Job in Kalifornien an. Ob er die Berufung annahm, weiß ich nicht!

Ich war privat bei einer jungen Dame untergebracht. Sie hieß Susann S. und bewohnte die ganze untere Etage in einem zweistöckigen Haus, das sich in einem Wohnviertel befand, das man hierzulande als Gartenstadt bezeichnen würde. Es gab eine Mischbebauung, das heißt, es wechselten Steinhäuser mit im Bungalowstil errichteten Holzhäusern ab. Die Grundstücke waren schätzungsweise mindestens eintausend Quadratmeter groß. In den großzügigen Vorgärten tummelten sich oft Erdhörnchen, die im April auf Futtersuche waren. Es war sehr kurzweilig, ihnen zuzusehen. Mein Weg zum Uni-Campus führte zur Hälfte durch diese Gegend. Bei gutem Wetter ging ich die reichliche halbe Stunde gerne zu Fuß. Manchmal holte mich mein Chef auch ab oder brachte mich nach Hause, vor allem bei schlechtem Wetter. Ein öffentliches Verkehrsmittel, wie wir es kennen, gab es dort nicht, lediglich eine Busverbindung zum Stadtzentrum und zum Hafen.

Natürlich existierte auf dem Campus auch eine Mensa. Die war allerdings streng getrennt für Studenten und für Angestellte und Professoren. Die Mensa für Studenten war schlecht: nur eingepacktes Fastfood!
Mein Chef in Cleveland sorgte aber dafür, dass ich in der für die Dozenten und Professoren eingerichteten Mensa essen gehen konnte. Hatte ich doch einen Dienstausweis, der mich berechtigte, die Einrichtungen der Uni zu benutzen, neben der Bibliothek auch die Mensa für die Angestellten. Der Unterschied zur Studentenmensa war immens. Ein Unterschied wie Tag und Nacht. Weiß gedeckte Tische, Bedienung und ein Büfett, an dem man sich Gerichte zubereiten lassen konnte, waren Standard. Freilich war es nicht gerade preiswert.

Die Bedienung erfolgte durch schwarze, sehr nette Frauen. Das Personal unterstand einer schwarzen Chefin, die offenbar ihre Truppe voll im Griff hatte. Sie war sehr streng und ich glaube, auch gerecht. Mein Chef meldete mich bei ihr an, so fand ich immer meinen Platz an einem Tisch, der von einer schwarzen älteren Frau bedient wurde. Sie hat auch dafür gesorgt, dass ich nie nach einem freien Stuhl suchen musste. Was mich allerdings ärgerte, war, dass sie mir die Cola (das war neben Mineralwasser das einzige alkoholfreie Getränk) immer mit viel Eis servierte. Ich sagte ihr das und sie probierte es aus, solange, bis ich zufrieden war.

Neuorientierung nach der Wiedervereinigung und Evaluierung

Nachdem ich von 1990 bis 1991 im Neuen Forum in der Themengruppe zur Erneuerung der Universität mitgearbeitet hatte, erfolgte 1992 die Evaluierung und Entlassung sowie die Klage beim Arbeitsgericht, wie bereits oben beschrieben. Der Prozess dauerte bis 1993. Ich forderte mit meinem Anwalt eine Wiedereinstellung. Daraufhin ging das Land in Berufung.

Der Berufungsprozess vor dem Landesarbeitsgericht zog sich über ein Jahr bis Ende 1994 hin. Danach wurde ich bis März 1995 arbeitslos!

Es folgten Bewerbungen in Berlin, Cottbus, Jena, Mittweida, Dresden, Marburg, Heidelberg, Magdeburg, die alle erfolglos waren. Wegen der negativen Evaluierung fehlte mir der so genannte »Persilschein«, den ich oben schon erwähnt habe.

Während meiner Arbeitslosigkeit konnte ich aber auf Einladung der Firma Leitz kostenlos Experimente im Labor der Firma durchführen. Daraus entstand schließlich eine viel beachtete Publikation. Außerdem wurde ich zu einer Tagung mit Gebührennachlass eingeladen.

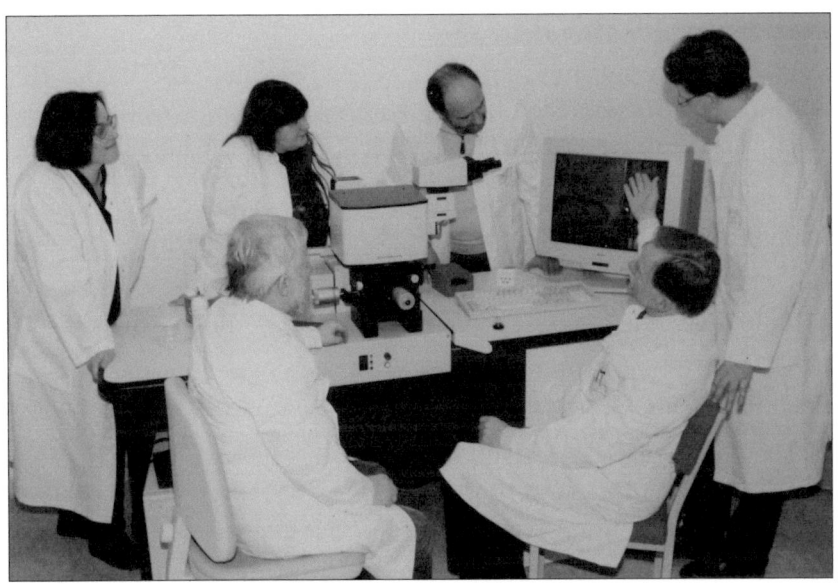

Bild 11: Arbeitsbesprechung am akustischen Mikroskop mit der Arbeitsgruppe. Autor rechts auf dem Stuhl sitzend.

Nach der Rehabilitierung durch das Arbeitsgericht erfolgte im Frühjahr 1995 die Wiedereinstellung. Aber nicht als Hochschullehrer, sondern als wissenschaftlicher Mitarbeiter! Von der Universität wurde ich daraufhin zum Strahlenschutzbeauftragten des Klinikums bestellt. Gleichzeitig erfolgte die Gründung einer eigenen Arbeitsgruppe: »Biomechanik und Strukturforschung« an der Medizinischen Fakultät.

Sie bestand aus fünf Personen: Ein gehbehinderter Physiker wurde für drei Jahre befristet eingestellt. Die anderen waren sogenannte ABM-Kräfte, ein Mathematiker, zwei Physiker, eine Biologin und eine Medizinisch-Technische Assistentin. Sie wechselte dann in das Labor der Orthopädie. Außerdem hatte ich noch einen Doktoranden.

ABM-Kräfte nannte man diejenigen Personen, die in der Regel für ein Jahr vom Arbeitsamt bezahlt wurden, um ihnen den Wiedereinstieg in den ersten Arbeitsmarkt zu erleichtern.

Meine Zuordnung erfolgte zunächst in die Diagnostische Radiologie und danach in die Orthopädie. Nun hatte ich eine akzeptable Adresse.

Auf Einladung der Firma Gammex-RMI und der Uni in Madison (Bundesstaat Wisconsin) konnte ich kurze Zeit in der Firma in Wisconsin und später in England (Oxford) an der Uni im dortigen Labor arbeiten. Anschließend lud ich einen wissenschaftlichen Mitarbeiter aus Oxford in mein Labor in Halle ein, um am Akustischen Mikroskop zu arbeiten. Die Teilnahme an Tagungen in Beijing und Nanjing (China) wurde von der DFG gefördert, nachdem meine angemeldeten Vorträge vom Programmkomitee ins Programm aufgenommen worden waren. Auf jeder Tagung habe ich einen Vortrag gehalten. Sie wurden nach Begutachtung im Tagungsband publiziert.

Ab 1999 erfolgte eine Zusammenarbeit mit dem Institut für Bioengineering und Nanotechnologie der TU Riga, die bis 2010 währte, obwohl ich bereits 2004 in den Ruhestand ging.

Tagungen sowie ein interregionales DFG-Projekt mit Teilnehmern aus den Kliniken rechts der Isar in München, der Forschungseinrichtung Caesar in Bonn sowie der Medizinischen Fakultät, der Physik und den Materialwissenschaften der MLU Halle und dem Fraunhofer-Institut für Mechanik in Halle arbeiteten mit. Das Projekt wurde als Sonderforschungsbereich vor dem Forschungsrat der Martin-Luther-Universität in Halle erfolgreich verteidigt und nach Vorstellung in der DFG in Bonn akzeptiert, aber finanziell nicht gefördert.

Ehrenamtliche Tätigkeiten

Ich war im Besuchsdienst der Krankenhausseelsorge tätig, führte mit den Kindern im Kindergarten physikalische Experimente durch und betätigte mich als Vorleser.

Eine andere ehrenamtliche Tätigkeit war die Führung der Gäste in unserer Marktkirche. Wir waren zirka 30 Personen. Die Kirche war täglich ab 15.00 Uhr ganzjährig geöffnet. Es wurde ein Dienstplan erarbeitet, der den reibungslosen Ablauf gewährleistete. Die Besucher wurden über die Geschichte und die Besonderheiten der Kirche informiert. Häufig waren auch ausländische Besucher unsere Gäste. Dann war es günstig, wenn man etwas Englisch und gelegentlich auch Russisch sprechen konnte.

Im Rahmen des Herder-Programms des DAAD arbeitete ich zwei Semester in Rumänien und ein Semester in Lettland (Riga) als Gastdozent.

Während meiner Arbeitslosigkeit und im Ruhestand habe ich als Dozent in einem privaten Weiterbildungsunternehmen gearbeitet. Das Arbeitsamt hat gemeinsam mit dem Leiter der Weiterbildungseinrichtung entsprechende Kurse ausgearbeitet. Das Ziel bestand darin, geeignete Arbeitslose für einen Job zu qualifizieren.

In der Tat fanden einige Kollegen über diese Maßnahme wieder auf den ersten Arbeitsmarkt zurück.

Im ehrenamtlichen Besuchsdienst der Krankenhausseelsorge

Am Anfang war eine Anzeige in der Zeitung, man suche Teilnehmer für die Ausbildung zur seelsorgerischen Tätigkeit im Krankenhaus, hieß es. Hm, das wäre was für mich, könnte ich doch andere, vor allem kranke, Menschen trösten, ihnen Mut geben und Zeit spenden, um ihnen zu helfen und sie zu begleiten, "einfach « durch Gespräche, durch Dialoge sozusagen. Eine, wie mir schien und wie sich später bestätigte, sinnvolle Aufgabe.

Das Krankenhaus war konfessionell (katholisch) geprägt. Aber nun war ich kein Katholik, Mist! Aber vielleicht klappte es ja, schließlich konnte ich durchaus als Christ gelten und andere hatten auch eine Seele, die genauso Zuwendung benötigte wie die der katholischen Christen, vielleicht mehr noch! Außerdem sollte ich auf Grund der gelebten Jahre genügend Lebenserfahrung mitbringen, um dieser Aufgabe gerecht zu werden.

In dem Krankenhaus wurden Menschen aller Konfessionen aufgenommen, es gab keinen Unterschied!

Kurzum, es hat geklappt. Der Kurs dauerte fast ein Dreivierteljahr. Der Unterricht fand an den Wochenenden statt und danach arbeiteten wir selbständig auf den im Wesentlichen von uns ausgesuchten Stationen. Ich wählte die Station für allgemeine Kardiologie. Die Wahl dieser Abteilung hatte den Nachteil, dass die meisten Patienten kaum länger als nur etwa eine Woche blieben. Damit war eine längere Begleitung nicht möglich.

Nachdem ich den Lehrgang abgeschlossen hatte, besuchte ich regelmäßig einmal in der Woche die Patienten. Neben der Bibliothek des Krankenhauses hatten wir einen Raum, in dem unsere Namensschilder aufbewahrt wurden und wir nach dem Patientenbesuch unser Kurzprotokoll schreiben konnten.

Diese Arbeit währte bis 2013. Ich ging jeden Mittwochnachmittag ins Krankenhaus, um Patienten ein Stück ihres Weges zu begleiten und auch zu trösten. Ich hätte nicht gedacht, dass es anstrengend sein würde. Aber es war es. Oft wurde ich auch belohnt, wenn ich mit dem Gefühl das Krankenzimmer verließ, meinem Gesprächspartner etwas Mut und Trost gegeben und Zeit gespendet zu haben. Bei den Besuchen haben wir kaum über Gott gesprochen und selten über die Religion.

Nachdem ich am Eingang zur Station meine Hände gründlich desinfiziert hatte, ging es direkt zur Theke, hinter der die Schwestern ihre Arbeit verrichteten. Mit einem freundlichen: »Hallo, da bin ich wieder«, machte ich auf mich aufmerksam und fragte gleich nach Patienten, die für ein Gespräch mit mir infrage kämen. Die Schwestern kannten die Probleme der Patienten und erkannten häufig, bei wem ein Gespräch, sozusagen von unabhängiger Seite, hilfreich wäre. Sie waren sehr kooperativ und freuten sich, wenn ich erschien.

Wie lange ich jeweils zu tun haben würde, war völlig offen. Es hing ja nicht nur von mir ab, denn der Patient hatte das Sagen, und das war wörtlich zu nehmen.

Die Schwester schob ihr Heft beiseite. Mit einem: "Hm, ich schau mal nach «, schlug sie ein anderes auf. Sie blätterte in ihrem Buch und fragte eine Kollegin im Hintergrund.

"Ja, Sie könnten in Zimmer vier zu Herrn Meißner gehen, er wird sich bestimmt über ein Gespräch freuen. Er ist am Montagnachmittag gekommen. Ja, dann wäre noch Frau Börner im Zimmer sechs. Sie ist allein und etwas ängstlich.

Die beiden fallen mir jetzt spontan ein. Sonst gehen Sie einfach mal durch, wie gehabt.«

Sprach's und schaute wieder in ihr Buch, um die Tabletten für die Patienten bereitzustellen und Messungen sowie Spritzen vorzubereiten.

Ich ging also ins Zimmer vier. Es gab, bis auf zwei Einzelzimmer, nur Dreibettzimmer. Die Namen waren neben der Tür angebracht. Der obere gehörte zu dem Patienten gleich hinter der Tür und der dritte zu dem Bett am Fenster. Das erleichterte mir die Orientierung. »Meißner« stand unten auf dem Schild, also lag er am Fenster. Ich klopfte an, betrat den länglichen, hellen Raum und sah meinen potenziellen Gesprächspartner in dem Bett vor der Fensterwand liegen, schon leicht aufgerichtet. Etwa in der Mitte des Raumes stellte ich mich mit meinem Namen vor und sagte, dass ich im ehrenamtlichen Besuchsdienst der Krankenhausseelsorge tätig sei. Nach einer kurzen Pause fragte ich:

»Wie geht es Ihnen? Möchten Sie sich mit mir unterhalten? Bedrückt Sie etwas, worüber sie mit mir reden möchten?«

Dr. Meißner sah mich verwundert an und schwieg. Nachdem

ich ihn fragte, wann er ins Krankenhaus gekommen wäre, wurde er gesprächiger, zögerlich zwar, aber immerhin. »Vorgestern«, sagte er und fügte hinzu, dass ihm schwindelig gewesen sei und sein Hausarzt, den seine Frau angerufen habe, die Einweisung organisiert habe. Er fügte hinzu, dass es ihn wunderte, in einem katholischen Krankenhaus gelandet zu sein, obwohl er doch evangelisch wäre.

Dann erzählte er mir:

»Ich bin jetzt fünfundachtzig Jahre alt und war nie ernsthaft krank. Ich bin auch christlich erzogen, und das war gut so! Damals konnte ich beinahe nicht konfirmiert werden, weil ich keine ordentliche, lange Hose und keine passende Jacke hatte. Mit meinen Klamotten konnte ich unmöglich gehen. Wir waren zu Hause elf Kinder und ich war das jüngste. Bei sechs Jungen war der Anzug beim sechsten nun wirklich sehr unansehnlich, und dann auch noch zur Konfirmation. Etwa eine Woche vor der Konfirmation nahm der Pfarrer mich nach dem Unterricht beiseite und kleidete mich ein. Das werde ich ihm nie vergessen. Wir waren alle sehr froh! Meine Brüder waren aber auch etwas neidisch. Es war mein erster Anzug, mit dem ich mich sehen lassen konnte. Ich gefiel mir.«

Er erzählte dann seine halbe Lebensgeschichte. Bis zum heutigen Tag müsse er an diesen Pfarrer denken. Es war richtig spannend und die Zeit verging wie im Fluge. Plötzlich fragte er:

»Sind Sie Pfarrer? Katholischer Pfarrer?«

»Nein, ich bin kein Pfarrer und auch nicht katholisch.«

»Ach so, dann ist es ja gut. Ich frage nur, weil man mich bei der Aufnahme nach meiner Konfession gefragt hat. Und ich bin doch evangelisch«.

Was war mit ihm, was konnte er meinen? Ein katholischer Pfarrer? Erst viel später dämmerte es bei mir. Hatte er vielleicht Angst davor gehabt, dass ich seinen geistlichen Abschied von dieser Welt vorbereiten wollte?

Es kam vor, dass einige Patienten nichts mit dem Begriff »Seelsorge« anfangen konnten. Aber sie nahmen es dankbar an, wenn man sich mit ihnen unterhielt, wenn sie merkten, dass sie ihre Sorgen beim Seelsorger ausschütten konnten.

»Aber das spielt hier keine Rolle, hat allenfalls statistischen Wert und gibt eventuell einen Hinweis darauf, wie man ein mögliches Gespräch führen kann«.

»Ach, wissen Sie, mir geht es soweit ganz gut, wie es halt so ist, wenn man im Krankenhaus liegt.«

Aber seine Geschichte fing an, sich zu wiederholen und ich trachtete danach, ihn auf andere Gedanken zu bringen oder das Gespräch für heute zu beenden. Als ich mich verabschiedete und ihm alles Gute wünschte, kam es aus ihm heraus:

»Sagen Sie, ich bin jetzt fünfundachtzig Jahre alt und bin immer noch nicht sicher, ob es wirklich einen Gott gibt. Gibt es einen? Wenn ja, warum lässt er denn das alles zu, was passiert, all das Leid, das auch unschuldigen Menschen und Kindern widerfährt?«

Damit hatte er mich auf dem linken Fuß erwischt und ließ mich allein zurück!

Trotzdem hatte ich ein gutes Gefühl, ihm durch unser Gespräch ein wenig Mut gemacht zu haben.

Als ich ins Zimmer sechs trat, fand ich Frau Börner schlafend, so dass ein Gespräch ausfiel. In den anderen Zimmern hatten die Patienten Besuch, lasen oder sahen fern. Wieder andere hatten einfach keine Lust mit mir zu reden. Im Protokollbuch erschien dann: Kein Gesprächsbedarf! Ich hatte Feierabend, ging nach Hause und es kam mir wieder das Gespräch mit dem alten Mann in den Sinn.

So oder ähnlich gestalteten sich viele Nachmittage, immer mittwochs. Trotzdem verlief jeder Besuch irgendwie anders, so wie die Patienten und ihre Krankheiten wechselten.

Doch es gab auch Begegnungen, die mich erschütterten, und andere, die es mir wert erscheinen, hier genannt zu werden.

Beim nächsten Besuch waren nur zwei Patienten in einem Zimmer. Einer lag im Bett, ein anderer saß am Tisch und las in einer Zeitschrift.

Als ich mich vorstellte, stand der am Tisch sitzende Patient auf, winkte ab und meinte, er sei Atheist und deshalb interessiere ich ihn nicht. Er verließ das Zimmer. Mit dem anderen führte ich ein kurzes Gespräch, für das er sich bedankte. Als ich das Zimmer verließ, sah ich den »Atheisten« im Flur an einem Tisch sitzen. Offenbar wartete er auf mich, denn er fragte, ob ich fünf Minuten Zeit für ihn hätte. »Nanu«, dachte ich, »was hat er denn?«, und antwortete:

»Natürlich habe ich Zeit für Sie, deshalb bin ich ja hier!«

Statt der fünf Minuten haben wir fast eine Dreiviertelstunde miteinander geredet, nun doch über Gott und die Welt und vor allem über ihn, sein Schicksal, seine Familie. Ich glaube, es hat ihm gutgetan und ihm Kraft gegeben, mir auf jeden Fall auch. Aber die Schwestern rätselten, worüber ich mich wohl mit dem »Asozialen« so lange unterhalten hätte.

Zwei weitere Begegnungen will ich noch erzählen, weil sie vielleicht auch typisch sind.

Herr Dr. Keppler, ein renommierter Arzt zu DDR-Zeiten, hatte Probleme mit seinem Herzen bekommen. Immerhin war er schon Mitte achtzig. Er war sehr kommunikativ, erzählte aus seinem Leben und von seiner Frau, die kürzlich schwer erkrankt war, von seinem Sohn, seinem Haus und seiner Bibliothek, die er zu Hause hatte. Er redete sich richtig frei. Noch dazu, als er merkte, dass wir, zumindest dem Namen nach, gemeinsame Bekannte hatten. Aber wir mussten unser Gespräch unterbrechen und verschieben, denn das Abendbrot wurde von den Schwestern schon bereitgestellt.

Als ich am darauffolgenden Mittwoch nach ihm fragte, teilte mir die Schwester mit, dass er verstorben sei. Das war ein Schock für mich, hatte ich ihn doch in der vergangenen Woche sehr aufgeräumt und zuversichtlich verlassen.

Ein völlig anderer Fall war Frau Lehmann, die sechsundachtzigjährige Frau eines inzwischen verstorbenen Arztes. Er war zwanzig Jahre älter als sie gewesen und hatte zuletzt in Mecklenburg praktiziert. Sie hatte ihm in der Praxis geholfen und Haus und Hof versorgt, wie sie erzählte. Sie war vom frühen Morgen bis in den späten Abend hinein immer beschäftigt gewesen. Das habe sie schließlich fit gehalten. Bis zu ihrem Krankenhausaufenthalt hatte sie hier in Halle in einer eigenen Wohnung gelebt und sich selbst versorgt. Doch nun ging es nicht mehr. Sie musste in ein Seniorenheim. Ich solle sie doch dort einmal besuchen, meinte sie. Stattdessen rief ich sie an. Sie erzählte mir frisch und lebendig, dass es ihr dort gut gefalle. Das Personal sei nett und das Essen gut.

»Doch stellen Sie sich mal vor: Viele Mitbewohner, alles alte Leute, gucken nur den ganzen Tag aus dem Fenster und sind nicht in der Lage oder willens, ein vernünftiges Gespräch zu führen.«

Sie beklagte auch, dass sie nicht mehr so gut lesen könne, da ihr die Augen Probleme bereiteten. So war manchmal Langeweile kaum zu vermeiden, die sie bisher nie in ihrem Leben gekannt hatte und hasste.

Einige der vielen hundert Begegnungen waren in der Tat anstrengend. Aber ich konnte viel lernen und habe es nicht bereut, fast fünf Jahre dabei geblieben zu sein.

Aktivitäten im Ruhestand – ein Widerspruch?

Nach meinem Ausscheiden aus dem aktiven Berufsleben habe ich noch ehrenamtlich Vorlesungen gehalten und auf dem Gebiet der Biomechanik, Mikrobiomechanik am Knochen und Zahn sowie der Nanotechnologie geforscht.

Einige Charaktereigenschaften

Seit frühester Jugend neugierig und später auch kommunikativ, nachdem das Trauma der Flucht und der Nachkriegswirren verblasst waren. Immer noch zurückhaltend und teilweise auch schüchtern.

Wenn ich interessiert bin, kann ich gut zuhören! Wegen der mir innewohnenden Neugier ist das relativ oft der Fall. Soziales Verhalten zeigte sich in der Hilfe gegenüber Schwächeren. Das offenbarte sich schon in der Schule und in der Lehre. Außerdem war ich immer interessiert an der Naturwissenschaft und Technik.

Ein Beispiel: Als 15-Jähriger brachte ich zirka 20 Zentner Kohlen einem alten Mann in den Keller. Vom Erlös habe ich mir ein gerade erschienenes Buch gekauft: ABC der Naturwissenschaft und Technik, Brockhaus 1953 – das habe ich heute noch!

Ich zeigte Ausdauer bei der Verfolgung eines Zieles, wenn es Außenstehenden auch nicht immer so erschien. Ich bin relativ leicht beeinflussbar, sensibel und ehrgeizig. Es kann auch zum Ausgleich einiger Eigenschaften kommen.

Nach außen relativ unauffällig. Oft voller Ideen, aber nicht immer konsequent bis zu Ende gedacht, begeisterungsfähig.

Sport und andere Aktivitäten

Ich war sportlich und wurde Schulmeister in der Leichtathletik an der Pestalozzi-Grundschule Frankfurt/Oder. Geräteturnen, Teilnahme an den DDR-Meisterschaften im Geräteturnen-Neunkampf 1956, verbunden mit der Eröffnung und Einweihung des Zentralstadions in Leipzig.

Während der Lehre Platzierungen in leichtathletischen Disziplinen.

Oft in sich widersprüchlich, eher feige als mutig, vermeide, wenn möglich, hohes Risiko.

Entschloss mich neben der Lehre, die ich nach dem Willen meiner Mutter begonnen und abgeschlossen hatte, das Abitur auf der Abendoberschule nachzuholen. Das hieß, während der Lehrzeit zwei Jahre lang viermal in der Woche nach der Arbeit auf Montage von 18.00 Uhr bis 21.30 Uhr zur Schule zu gehen.

Bin ich im ersten Lehrjahr noch täglich mit der Bahn von Gommern nach Magdeburg gefahren, musste ich in den letzten zwei Jahren in Magdeburg ein Zimmer mieten, denn während der Schulzeit war das alles zeitlich nicht mehr zu schaffen.

Während der Lehrzeit habe ich in den Sommerferien zwei Wochen an dem Jugendobjekt »Wische« teilgenommen. Es waren Meliorationsarbeiten zur Entwässerung im lehmigen Boden durchzuführen. Das war eine schwere Arbeit, aber an der frischen Luft, und wir waren eine prima Truppe.

Dann habe ich mich noch zweimal gemeldet, als man Betreuer für das betriebseigene Kinderferienlager suchte. Es war fast so, als hätte ich noch zwei Wochen zusätzlichen Urlaub, denn mit den Kindern bin ich gut zurechtgekommen. Offiziell standen mir vom Betrieb ja nur dreizehn Tage Urlaub zu. Im Kinderferienlager habe ich mich abends oft im Schlafsaal auf ein Bett gelegt und im Dunkeln Geschichten erzählt, damit die Kinder sich beruhigten und einschliefen. Das klappte gut! Am nächsten Tag habe ich mir manchmal erzählen lassen, wie weit die Kinder die Geschichte mitgehört hatten. Das war dann auch für mich interessant!

Wir haben einige Exkursionen und Ausflüge unternommen. Einmal besuchten wir den Leipziger Zoo. Ich hatte elf Kinder zu betreuen. Als wir uns am Ausgang sammelten und durchzählten, fehlte ein Kind, und ausgerechnet aus meiner Gruppe. Wir zählten mehrere Male durch, doch es blieb dabei. Es gab eine fürchterliche Aufregung. Ich ging dann noch einmal in den Zoo, um nach dem Jungen zu suchen. Mir fiel ein riesiger Stein vom Herzen, als ich ihn gleich hinter dem Eingang am Affenkindergarten fand, völlig gedankenverloren und konzentriert auf den Tumult, den die Affenkinder veranstalteten. Er hatte also so gut wie nichts vom Zoo gesehen, war aber sehr zufrieden.

Als wir wieder im Lager waren, musste ich zum Lagerleiter, um meine »Gardinenpredigt« abzuholen! Zu den genannten Veranstaltungen wurde ich vom Betrieb freigestellt.

Ich betrieb verschiedene Sportarten. Im Rentenalter nur noch Gymnastik, Fitness und Schwimmen.

Lernte Geld schätzen, lief ihm aber nicht hinterher – sparsam, sprunghaft, liebe auch Luxus und Bequemlichkeit – doch das ist es nicht allein.

Interessiert an Lyrik und Prosa. Öffentlicher Gedichtvortrag bereits mit 14 Jahren. 50 Jahre später Gedichte publiziert in »Nationalbibliothek des deutschsprachigen Gedichtes«.

Nach dem Abschluss der Lehre mit Gesellenbrief und Abitur begann ich im September 1959 das Physikstudium an der Martin-Luther-Universität in Halle (Saale). Nach dem Studium wählte ich die Hochschullaufbahn, nachdem mein Institutschef mir eine Assistentenstelle angeboten hatte. Alternativ hatte ich mich für einen Arbeitsplatz im Chemieanlagenbau Dresden beworben. Den Vorvertrag in Dresden konnte ich noch kündigen, so dass ich frei für die Uni war. Dann begann die Hochschullaufbahn.

Lebens-und Berufserfahrungen vermittelten mir Arbeitsaufenthalte in Russland, Lettland, Italien, Rumänien und den USA an Hochschulen und Universitäten.

Die meiste Zeit in meinem Berufsleben verwendete ich für die Lehre (Vorlesungen, Seminare und Praktika, partiell auch Forschung).

Nach der Verabschiedung in den Ruhestand bewarb ich mich für das Emeriti-Programm des DAAD (Deutscher Akademischer Auslandsdienst) im Rahmen der Stiftungsinitiative »Johann

Gottfried Herder«. Eine Gastdozentur wurde für die TU Riga und zwei für die Babeş-Bolyai-Universität in Klausenburg (Cluj-Napoca) gefördert. Ich arbeitete folglich an beiden Universitäten als Gastdozent und in Riga ein Semester zusätzlich als Gastprofessor.

Kreuz und quer durch Lettland

Ab 1999 war ich jedes Jahr bis 2009 als Gastdozent oder Gastprofessor an der Technischen Universität Riga und ihren Außenstellen tätig. Ich hatte dadurch Gelegenheit, auch Vorlesungen außerhalb von Riga zu halten.

Es soll über die Reisen im Rahmen der Kooperation zwischen unserer Universität und der Technischen Universität Riga berichtet werden.

Der Aufenthalt dauerte in der Regel jeweils zwei Wochen bis zu drei Monate und erstreckte sich mit kurzen Unterbrechungen über neun Jahre. Da auch lettische Studenten zur Graduierung nach Halle kamen, waren die persönlichen Beziehungen relativ eng. Ich lernte die Verhältnisse in Lettland gut kennen. Dieser Kontakt betraf die Medizinische Physik und Medizintechnik, später kam die Nanotechnologie hinzu.

Hier in Deutschland konnten insgesamt zehn Studenten graduiert werden. Die Arbeiten wurden dann nach dem Aufenthalt des betreffenden Studenten in Deutschland in der Fakultät für Maschinenbau der RTU (Rigas Technische Universität) verteidigt. In Halle arbeiteten die Studenten in den Einrichtungen, zu denen ich wissenschaftliche Beziehungen unterhielt. Abgesehen vom Labor für Orthopädie und dem akustischen Mikroskop betraf das einige Labors des Fraunhofer-Instituts für Mikro- und Nanomechanik. Es waren interaktive Aufgaben, die Werkstoffe wie Kunststoffe und Metall sowie Knochen betrafen.

Die ersten Reisen (1999 und 2000) nach Lettland erfolgten vom Flughafen Halle/Leipzig über Kopenhagen nach Riga, in den Jahren danach von Berlin/Tegel direkt nach Riga. Die Flugzeit von Berlin betrug knapp 90 Minuten. Das bedeutete vor allem für Berliner Touristen die Gelegenheit zu einem bequemen Wochenendausflug. Prompt traf ich in Riga auch einige Touristen aus Berlin.

Ein Jahr, bevor Lettland Mitglied der EU wurde, entstand für mich bei der Einreise ein Problem. Wie bei anderen Reisen innerhalb Europas üblich fuhr ich ohne Reisepass, sondern lediglich mit meinem Personalausweis. Bei der Grenzkontrolle in Riga wollte man mich deshalb nicht ins Land lassen. Die Chefin der Grenzkontrolle nahm meinen Personalausweis. Sie kam kurz darauf wieder zurück und sagte mir, dass der Personalausweis kein Reisepass sei und mein Flug in zwei Stunden zurück nach Deutschland starten würde. Ich hätte kein gültiges Visum. Das wirkte wie ein KO-Schlag. Ich bat dann aber noch geistesgegenwärtig, mit meinem Gastgeber telefonieren zu dürfen. Das übernahm die Dame gleich selbst. Eine Stunde später kam mein Kollege zum Flughafen und brachte nicht ohne Stolz eine Bescheinigung vom Ministerium, die mir die »Grenzschützerin« mit verkniffener Miene überreichte und hinzufügte, dass ich das Land exakt bis zur angegebenen Uhrzeit zu verlassen hätte und keine Stunde später. Da Lettland ein kleines Land ist, kannte man sich persönlich und stand auf Du und Du! Aber mir ging es nicht allein so. Wie man mir erzählte, betraf das auch eine Italienerin. Ein Jahr später wurde mit dem Eintritt Lettlands in die EU die Visapflicht aufgehoben.

Schließlich war ich im Hotel und am anderen Tag fing meine Arbeit an, organisiert war nichts.

Mein Arbeitszimmer lag aber sehr bequem gegenüber den Vorlesungsräumen. Die Geschichte mit meiner Ankunft kannte bis zum Mittag jeder Mitarbeiter. Man nahm sie mit wohlwollendem Lächeln auf. Hatte man mir doch gezeigt, wozu man in der Lage war!

Kontakt mit dem Baltisch-Deutschen Hochschulkontor

Das Hochschulkontor, im Zentrum der Stadt gelegen, koordinierte die Zusammenarbeit zwischen den Gastdozenten und den Fakultäten der RTU und Hochschulen in Lettland. Diese Abteilung gehörte zur Sektion Kultur der deutschen Botschaft in Lettland.

In der überregionalen Zeitschrift »Diena« wurde ich gemeinsam mit einem Gastdozenten aus den alten Bundesländern vorgestellt.

Zu der Leiterin des Kontors hatte ich ein sehr gutes Verhältnis. Eine Lettin, die im Kontor arbeitete, fertigte mir eine handschriftliche Übersetzung an! Außerdem wurde ich zu einem Jubiläum eines deutsch-lettischen Schriftstellers eingeladen. Ich hatte natürlich Bedenken, weil ich eigentlich gar nicht zu der Gruppe der Botschaftsangehörigen gehörte und auch kaum etwas von der Bedeutung des zu Ehrenden verstand, aber die Leiterin des Kontors hatte alles perfekt organisiert, so dass diejenigen, die

Bescheid wissen mussten, informiert waren. Neugierig war ich aber schon. Treffpunkt war an einem frühen Morgen vor der Botschaft. Man hatte mir im Bus den Platz in der ersten Reihe, rechts neben dem Busfahrer, zugedacht. Das hatte, wie ich nach zirka vier Stunden Fahrt mitbekam, unerwartete Konsequenzen.

Bild 12: *Auszug aus einem Artikel der überregionalen Zeitung »Diena«.*

Ich hatte meinen Anzug an und einen Schlips umgebunden. In der Regel nicht unbedingt meine Arbeitskleidung. Aber dieses Mal gab es ja etwas zu feiern. Es liefen an der angegebenen Abfahrtsstelle des Buses schon eine Anzahl herausgeputzter Menschen herum. Langsam wurde ich nervös, denn ich hatte keine Ahnung von dem, was auf mich zukommen würde.

Endlich angekommen, fand der Busfahrer für uns einen geeigneten Parkplatz vor dem Haus, in dem eine Ausstellung für und über den Schriftsteller aufgebaut war.

Als wir aus dem Bus stiegen, war ich der erste, der den Bus verließ. Im Nu bildete sich ein Kreis um mich herum und der Bürgermeister trat hervor. Ich hatte es immer noch nicht kapiert, was hier vorging, als der Bürgermeister eine vorbereitete Rede in deutscher Sprache begann und mich dabei ansah. Gleichzeitig flüsterte ihm wohl jemand ins Ohr, dass ich nicht der Botschafter sei. Der Arme tat mir aufrichtig leid. Alle Fahrgäste kicherten hinter vorgehaltener Hand. Ob einige der anwesenden Personen des »höheren Landadels« den »Beinahe-Fauxpas« mitbekamen, ist nicht verbürgt. Jedenfalls brach der Bürgermeister seine schon begonnene Rede ab.

Es wurde ein kleines vorbereitetes Programm abgearbeitet, Deutsch gesprochen und gesungen. Die Ausstellung war durchgängig geöffnet. Irgendwann ging es in eine Dorfkneipe zum Kaffeetrinken und Schwatzen. Der Botschafter machte Politik und ich hatte die Gelegenheit, mit seiner Frau zu schwatzen.

Der Botschafter hatte nur noch ein Jahr in Lettland zu tun. Dann würde er mit 54 Jahren planmäßig pensioniert, während seine Frau, eine gelernte Krankenschwester, sich Sorgen um ihre eigene Zukunft machte. Sie hatte in den zehn Jahren an der Seite ihres Mannes ein interessantes Leben geführt und die halbe Welt bereist. Aber jetzt wollte sie wieder Krankenschwester sein. Sie meinte, dass sie schon in mehreren Krankenhäusern in Deutschland nachgefragt hätte, aber niemand wollte sie beschäftigen.

Noch bevor es dunkel wurde, fuhren wir »gemütlich« nach Riga zurück. Was aus der Krankenschwester wurde, die eigentlich mehr in der Politik zu Hause war, habe ich nie erfahren.

Es war spät, als ich im Hotel ankam. Lange lag ich noch wach und ließ den ereignisreichen Tag an mir vorüberziehen. Das brauchte ich manchmal, um die Ereignisse zu verstehen und zu verarbeiten.

Es sollen jetzt noch einige der sehr interessanten Ausflüge, die ich mit meinem Gastgeber unternommen habe, erwähnt werden.

Wir fuhren mit dem Auto in Richtung Südosten. Das begab sich zu der Zeit, als mein Gastgeber ein Grundstück in Daugavpils erbte, unmittelbar am Fluss gelegen. Das Grundstück grenzte mit einer Seite an den Fluss und mit dem anderen Ende an eine asphaltierte Straße in der Stadt. Mein Gastgeber hatte sein Grundstück selbst noch nie gesehen und wusste nicht so recht, was er damit anfangen sollte. Es war zirka 200 km von Riga entfernt und etwa 1000 qm groß! Wir gingen hinunter an den Fluss und mein Kollege hatte es plötzlich eilig. Was aus dem Grundstück geworden ist, weiß ich nicht.

Nach der Karte zu urteilen, existierte eine gute Straßenverbindung von und nach Riga. Doch mehrere Male endete hinter einem Ort die asphaltierte Straße und wechselte abrupt in einen Schotterweg. Ich habe nicht schlecht gestaunt und im ersten Moment gedacht, wir seien auf einer Baustelle. Derartige Straßen waren aber breit genug, um sie zwei- bis dreispurig zu befahren. Oft machte sich der Gegenverkehr lange vor der Begegnung mit dem entgegenkommenden Fahrzeug durch eine riesige Staubwolke bemerkbar. Das war nicht etwa die Ausnahme, sondern je nach Wetterlage die Regel. Da man normalerweise nicht schneller als 50 km/h fahren konnte, benötigten wir viel Zeit für eine solche Tour. Mein Begleiter fuhr aber offensichtlich sehr gerne Auto. Der Vorteil war: Ich konnte mir in aller Ruhe die Landschaft und die gelegentlich auftauchenden Dörfer ansehen. Manchmal tauchte auch ein kleines schlossartiges »Herrenhaus« auf, in dem wir uns mit Kaffee und Kuchen stärkten. Oft waren diese Häuser zum Hotel umgebaut worden, und fast alle hatten einen Imbiss oder eine Kaffeestube. Viele waren vor etwa einhundert Jahren in deutschem Besitz gewesen und eines hatte auf der Rückseite auch einen eigenen Friedhof, so wie man hierzulande einen Garten am Haus hat.

Ein anderes Anwesen hatte man zu einem Hotel der besonderen Art umgebaut. Das Besondere daran war, dass die Appartements im Original der verschiedenen Stilepochen (Biedermeier, Renaissance, Barock oder Klassizismus) ausgestattet waren, einschließlich Schlafzimmer, Toilette und Bad sowie Küche, manchmal auch Lese, Arbeits-, Musik- und Jagdzimmer. Ein großer Nachteil dieser und ähnlicher Häuser und Anlagen war die sehr mangelhafte Infrastruktur des Landes. Im Inneren des Landes traf man vergleichsweise wenig Menschen und kaum Industriestandorte. Das fiel sofort auf!

Die Landschaft ähnelte der in Mecklenburg und Vorpommern. Der höchste Berg Lettlands ist zirka 325 Meter hoch und neben Sigulda ein Zentrum des Wintersports auf Landesniveau.

Es war offensichtlich, dass man sich bemühte, die alten Herrenhäuser zu rekonstruieren und zu kleinen kulturellen Zentren des dazugehörigen Dorfes auf- und auszubauen. Sie hatten auch einen erheblichen Erholungswert, teils durch die Parkanlagen oder die sie umgebenen kleinen Seen.

Wenn man zeitig im Jahr ins Land reist, erlebt man noch den sterbenden Winter. Der Fluss Daugava, der durch Riga fließt, ist oft noch Anfang April zugefroren und an geschützten Stellen in der Stadt begegnet man einigen Schneeresten. Aber etwa zwei Wochen später kommt der Frühling auch in die Ecken, in denen sich der Schnee des vergangenen Winters versteckt hat.

Ausflug zum Rigaer Badeort Jurmala

Am südwestlichen Ende der Rigaer Bucht befindet sich der bekannte Badeort Jurmala. Ich war mehrmals dort und machte längere Spaziergänge auf der Promenade hinter den Dünen. Man fuhr etwa 34 Minuten mit dem Zug vom Rigaer Hauptbahnhof bis Majorie, zum Ende der Promenade von Jurmala.

Der relativ kurze Zug wurde von einer gewaltigen Lokomotive gezogen. Der Schneepflug war noch im Sommer montiert und verlieh der Maschine den verdienten Respekt. Solch ein gewaltiges Gefährt hätte ich bei der Transsib, aber nicht hier erwartet. Die großen Antriebsräder überragten mich um einige Zentimeter.

In die Wagen gelangte man über mehrere Stahlstufen einer kurzen steilen Leiter. Gehbehinderte wurden mit allerlei Tricks hinaufgehievt. Die Wagen waren sehr geräumig. Die Sitze bestanden aus Sperrholz oder Plaste und waren auf ein Stahlgerüst geschraubt. Aber man saß relativ bequem. Endlich ging es los.

Die Waggons schüttelten sich, es quietschte und krachte, »aha«, dachte ich, »die Bremsbacken lösen sich.« Es ging ein Ruck durch die Wagen und der Zug setzte sich langsam in Bewegung und erreichte ruckelnd und zuckelnd die »Stahlbogenbrücke« über die Daugava. Hinter der Daugava ging es durch Auenwälder und über weitere Flussarme. Nach wenigen Minuten erreichte er die erste Station. Die Landschaft änderte sich kaum, ab und zu schob sich sumpfiges Gelände dazwischen. Das letzte Stück fuhren wir auf einer Landzunge.

Am Zielbahnhof Majori angekommen, lief man sehr bequem die Promenade entlang, vorbei an vielen Cafés und kleineren Gaststätten. Bis auf wenige Neubauten, meistens teure Herbergen, beherrschten geschmackvolle, kleine Häuschen das Straßenbild. Die Häuschen stammten wohl noch vom Anfang des vergangenen Jahrhunderts und hatten sich den Charme dieser Zeit bewahrt. Die Promenade ist annähernd zwei Kilometer lang. Wenn es das Wetter und die Zeit erlauben, lohnt sich der Rückweg am Strand, der parallel zur Promenade verläuft. Falls man Glück hat, sind dort nur wenige Menschen unterwegs. Der Strand ist mindestens fünfzig Meter breit.

Ich setzte mich auf eine Bank. Die Sonne schien durch einen dünnen Wolkenschleier. Der ungehinderte Blick über das Meer, dorthin, wo der Himmel das Wasser berührt, trifft auf eine scharfe Linie. Das Auge freut sich. Es ist ruhig, nur hin und wieder der Schrei einer Möwe. Blaue Bänke in zirka einhundert Metern Abstand wechselten sich mit größeren gelben Abfallbehältern ab. Die »Strandarbeiter« hatten sie vorher ausgetauscht.

In der Nacht hatte es geregnet und Petrus hatte bis zum Nachmittag gebraucht, die niedrigen Wolken wegzuschieben, um die Sonne durch einen dünnen hohen Wolkenschleier zu lassen, damit sie etwas mehr Licht und Wärme verbreiten konnte. Das war jetzt im September ausgesprochen angenehm und Erholung pur. Mit einem Wellengluckser meldete sich hin und wieder auch das Meer.

Wenn der Wind von Land kam, wehte nur ein leichtes Lüftchen, das wie ein lauer Sommerwind meine Füße, meine Hände und mein Gesicht streichelte, so wie es selbst die Allerliebste nicht zu tun vermag.

Die Temperatur mochte so bei zwanzig Grad Celsius angekommen sein. Das Wasser hatte fünfzehn Grad. Das war hier so angezeigt und sollte auch stimmen.

Der Strand zog sich einige Dutzend Kilometer bis hin nach Riga und bis weit in den Norden zur Spitze der Rigaer Bucht. Merkwürdig war nur, dass nicht ein einziges größeres Schiff zu sehen war. Der Strand erstreckte sich, soweit das Auge reichte, nur unterbrochen durch Wasserverbindungen zu den hinter dem Strand weit ins Landesinnere reichenden Seen. Ein wahres Paradies für Bootsfahrer und Fischer.

In den letzten Jahren war viel für die Besucher getan worden. Der Strand war ausgesprochen sauber. In regelmäßigen Abständen waren große Mülltonnen aufgestellt und während der Badesaison fand man kleine Umkleidekabinen. Kurzum, der Strand machte einen gepflegten und sauberen Eindruck. Das war nicht immer so gewesen. Ich hatte durchaus den Eindruck, dass auch in dieser Gegend die Europäische Union angekommen war.

In der Woche um den 20. Juni wird in Lettland die Sommersonnenwende gefeiert. In der ganzen Woche herrscht auf dem Marktplatz in der Altstadt buntes Treiben. Überall trifft man Menschen, deren Häupter mit Blättern oder Zweigen bekränzt sind, meist ist es Eichenlaub. Es präsentiert sich ein fremd wirkender Anblick, der einer sehr alten Tradition geschuldet ist.

Am Abend der Sonnenwende fuhren wir zum Strand. Man konnte mit einiger Mühe um Mitternacht herum die Zeitung lesen.

Während am Abend ein Leichtflugzeug über den Strand raste, wurden, soweit man blicken konnte, die »Mittsommerfeuer« entfacht. Es wurde gegrillt und gesungen. Dadurch kam eine total romantische Stimmung auf.

Nachdem die Sonne wieder langsam aus dem Wasser aufgetaucht war, fuhren wir nach Hause. Als der untere Teil der Sonne wieder die Wasseroberfläche berührte, schien es mir so, als würde der dunkelrote Feuerball abtropfen, während der obere Teil der Sonnenkugel schon zu glänzen begann.

Wenn wir von einem längeren Ausflug in Richtung Nordwesten nach Hause fuhren, besuchten wir häufig ein kleines Dorf, in dem sich direkt hinter dem Strand einige Fischstände befanden. Fischerfrauen räucherten den Fisch, den die Fischer mit ihren Booten morgens heimgebracht hatten. An den Dünen hatte man einen kleinen Campingplatz eingerichtet. So machten wir es uns gemütlich und tranken zum Fisch auch noch »Porter« und aßen Kommissbrot. Derart vollgefüllt und knüppeldickesatt machten wir uns auf den Heimweg. Mein Gastgeber nahm noch ein großes Paket für seine Familie mit nach Hause.

Besucht man Riga, sollte man unbedingt ins Staatstheater gehen, einen Bummel durch die Altstadt machen und über den Markt schlendern. Auf dem Markt hinter dem Bahnhof findet man ein großes Sortiment an Lebensmitteln. Der Markt befindet sich in unmittelbarer Nähe des Hauptbahnhofes und ist in fünf früheren Zeppelinhangars untergebracht. Ein hervorragender Ort zum Einkaufen und Handeln.

Es gibt eine Halle für Molkereiprodukte, für Fisch, Brot, Konditoreiwaren, Schokolade, Konfekt u. a. In jedem Hangar befindet sich ein Imbiss.

Ich habe dort oft viel Zeit zugebracht und erst in der Straßenbahn gemerkt, dass ich total erschöpfte Beine hatte.

Um die Hallen herum sind alle denkbar möglichen Verkaufsstände aufgebaut. Hier findet man für jeden Geschmack etwas. Wenn es dunkel wurde, war es für mich aber immer Zeit zu gehen. Eine Ordnung war kaum erkennbar. Im Gegensatz zu der Ordnung in den Hallen.

Es ist auch schwer erkennbar, was dort alles den Besitzer wechselt. Dieser Platz schließt sich direkt am Bahnhof an. Gewissermaßen der hintere Bahnhofsvorplatz.

Je nach Programm lohnt sich ein Besuch der Staatsoper. Der beste Platz, den ich hatte, befand sich auf der »Beletage« (auf dem ersten Balkon). Hier sah ich den »Fliegenden Holländer«. Die Oper soll Richard Wagner während seines Aufenthaltes in Riga komponiert haben. Die Sessel waren mit rotem Plüsch bezogen, beweglich und äußerst bequem. Mir schräg gegenüber, neben der Bühne, befand sich die sogenannte Präsidentenloge. Diese Auskunft erhielt ich von der Platzanweiserin. Auf meine Frage, ob der Präsident heute noch käme, antwortete sie, dass

der Platz heute frei bleiben würde. Ich dürfe dort aber trotzdem nicht hinein. Die Platzanweiserin zog ein Gesicht, als wüsste sie nicht, ob ich es ernst meinte oder nur einen Spaß machen wollte.
Sie schaute mich verdutzt an, war dann aber wieder beschäftigt.
Das Theater wurde in den 60er Jahren des 19. Jahrhunderts unter der Ägide des von Deutschen dominierten Stadtrates erbaut, nachdem das vorherige abgebrannt war.
Ende des 19. Jahrhunderts und zu Beginn des 20. Jahrhunderts erlebte Riga seine industrielle Blütezeit am Rande des westlichen Zarenreiches. Die Stadt war die zweitbedeutendste Stadt im europäischen Teil Russlands.

Im Zentrum der Altstadt befindet sich der weltbekannte Dom, dessen Domherr unter anderem der Vater von Gottfried Herder war. Der Dom war bereits zur Stadtgründung fertig.
In ihm fanden oft sehr interessante Konzerte statt. Es war mir immer ein Genuss, sie zu besuchen.
Da unsere Medizinische Fakultät in Halle einen Vertrag mit der lettischen Universitätsmedizin hatte, traf ich anlässlich eines Konzertes im Dom unseren Dekan. Wir waren beide sehr überrascht! Leider konnten wir nicht miteinander reden, da er in ein offizielles Programm involviert war, und ein paar Tage später riefen ihn seine dienstlichen Pflichten wieder zurück nach Halle, so dass wir nicht mehr bei einem Bier beieinandersitzen und reden konnten. Ich hätte schon noch einige Fragen bezüglich unserer Beziehungen zu Riga gehabt.
Anlässlich eines Jubiläums der Beziehungen zwischen Hamburg und Riga lud der Bürgermeister von Riga zu einem Empfang. Dank meiner guten Beziehungen zum Hochschulkontor

erhielt ich auch eine Einladung und traf dort eine interessante, illustre Gesellschaft. Das Problem bestand darin, dass ich nicht den richtigen Beruf hatte. Kaum, dass man dort etwas mit einem Physiker anfangen konnte. Das ist aber immer wichtig, um einen Einstieg in ein für beide Seiten interessantes Gespräch zu finden.

Immerhin habe ich erfahren, wie man zu jener Zeit in Hamburg Konsul werden konnte. Der Titel wird nicht bezahlt, aber er ist ein guter Schlüssel, um Karriere in der politischen Gesellschaft machen zu können. Voraussetzung ist, dass man über ausreichende finanzielle Mittel verfügt und die richtigen Leute kennt. Aber das ist wohl immer so!

Nach Klausenburg in Rumänien

Ich hatte mich wieder für das Emeriti-Programm des DAAD gemeldet (Gottfried-Herder-Programm – deutsche Gastdozenten nach Südosteuropa). So erhielt ich eine Einladung zu einer Versammlung, bei der das Programm vorgestellt wurde. Vertreter ausländischer Hochschulen waren ebenfalls gekommen. Sie äußerten ihre Wünsche hinsichtlich der Entsendung von Gastdozenten an ihre Hochschulen. Es ging fast wie auf einem Basar zu. Der Vertreter aus Rumänien wollte die Strahlenbiophysik an der physikalischen Fakultät der Babeş-Bolyai-Universität in Klausenburg (Cluj-Napoca) für ein Semester besetzen. Der Unterricht sollte in Deutsch gehalten werden, um die Deutschkenntnisse der Studenten zu verbessern.

Ich meldete mich und wir wurden uns nach einem kurzen Gespräch schnell einig. Im darauffolgenden Sommersemester fuhr ich nach Klausenburg (Cluj-Napoca). Davor hatte ich ja schon eine Vorlesung mit ähnlicher Thematik hier in Halle auch für Ingenieur- und Medizinstudenten gehalten.

Die Zeit vor der Abfahrt war aufregend, da ich überhaupt nicht wusste, was mich dort erwarten würde. Anfangs dachte ich, in irgendeine Kleinstadt auf dem Lande zu kommen. Doch weit gefehlt. In Klausenburg gab es etwa einhunderttausend Studenten. Über die Hälfte davon war an der Universität eingeschrieben. Ich musste mir ein ansprechendes, umfangreiches Programm erarbeiten, also zu dem, was ich bereits hier las, einige Ergänzungen hinzufügen.

Dann ging es endlich los. Ich hatte die Wahl, über Frankfurt oder München zu fliegen. Über München ging es schneller. Von Leipzig nach München brauchte der Flieger eine knappe Stunde. Dort stieg ich um in eine sehr kleine Maschine. Es waren fast ausschließlich Geschäftsleute an Bord. Mit etwa zwanzig Personen war der Flieger besetzt. Meinen Platz hatte ich genau neben dem rechten Triebwerk. Die Sicht war ausgezeichnet. Rechts von mir, in gut einem Meter Entfernung, befand sich allerdings der Propeller. Als das Triebwerk angelassen wurde, erschreckte ich mich, denn die Rotorblätter sausten außerhalb der Flugzeugwand gefährlich nah an der Bordwand vorbei und, wie mir schien, genau in Höhe meiner Körperachse. Beim Hinschauen packte mich die Angst, bei einem Unfall längst durchgeschnitten zu werden. Ich musste mich ablenken.

Das Wetter wurde schlecht. Es gab nichts mehr zu sehen. Wir flogen durch die Wolken oder knapp darüber. Eine gute Gelegenheit, ein Gespräch mit meinem Nachbarn zu beginnen. Er kam aus einem metallverarbeitenden Betrieb in der Nähe von München und wollte in Hermannstadt eine Niederlassung aufbauen. Er suchte dort junge Leute, die in München zu Facharbeitern ausgebildet werden sollten. Was daraus wurde, habe ich nicht mehr erfahren. Er stieg beim Zwischenstopp in Hermannstadt aus, während ich nach Klausenburg (Cluj-Napoca) weiterflog. Am Flughafen wartete schon mein zukünftiger Kollege, um mich abzuholen. Wir fuhren zuerst in eine Kneipe, um zur Begrüßung ein Bier zu trinken. Bei der Gelegenheit teilte er mir gleich mit, dass ich am darauffolgenden Tag morgens um 10.00 Uhr beim Dekan erwartet würde.

Ich war inzwischen hundemüde. Endlich ging es ins Hotel. Es lag inmitten eines Sportparks und war ein Neubau mit zwölf Etagen. Aus dem sich über die ganze Außenwand des Zimmers erstreckenden Fenster sah ich aus dem siebenten Stockwerk über einen Teil der nördlichen Stadt auf die Berge nach Westen.

Frühstück gab es in einem kleinen Häuschen, ein paar Meter neben dem Hotel. Am nächsten Morgen kurz nach neun Uhr wurde ich abgeholt und wir fuhren in die Uni. Mein Kollege zeigte mir meinen Arbeitsplatz und dann gingen wir zum Dekan. Nach der freundlichen Begrüßung sagte mir der Dekan, dass ich am übernächsten Tag um zwölf Uhr die ersten zwei Vorlesungen zu halten hätte. Um die weiteren vier Seminarstunden pro Woche hätte ich mich selbst zu kümmern. Die Geräte, die für das Physikalische Praktikum aufgestellt waren, standen mir nach Absprache mit dem Verantwortlichen zur Verfügung. Das betraf alle Geräte für Messungen mit radioaktiver oder Röntgenstrahlung.

Die Inhalte könne ich so gestalten, wie ich es für richtig halte. Das verblüffte mich, denn bisher war ich meistens angehalten gewesen, bestimmte Stoffgebiete in einer vorgegebenen Reihenfolge zu behandeln. Endlich konnte ich hier meine eigenen Vorstellungen weitgehend realisieren.

Anfänglich hatte ich mich um die Organisation zu kümmern und mich mit den Kollegen abzusprechen. Die Hinweise einiger Studenten waren in dieser Hinsicht sehr konstruktiv.

Meine Hauptaufgabe war es, die Veranstaltungen in deutscher Sprache abzuhalten. Daraus wurde nichts, da bis auf eine Studentin angeblich niemand Deutsch verstand. So teilten es mir die Studenten mit. Letztendlich haben wir uns auf Englisch geeinigt. Da einige Aufgaben schriftlich zu lösen und in der Regel von der Fragestellung her eindeutig waren, spielten die Sprachkenntnisse eine untergeordnete Rolle. Mir fiel auf, dass eine Studentin bei schriftlichen Arbeiten fast immer die richtigen Lösungen fand. In einer entsprechenden Vitrine im Flur stand ihr Name in allen anderen Fächern immer unter den besten. Als ich sie fragte, worin ihre Schwierigkeiten in der Physik bestünden, gestand sie mir, dass sie kein Englisch könne, nur Deutsch und Russisch. Als in der ersten Stunde die Frage nach der Sprache geklärt worden war, war sie zu schüchtern gewesen, ihre Meinung zu sagen, wahrscheinlich weil sie merkte, dass die meisten sich auf Englisch festgelegt hatten.

Zwei Besonderheiten seien hier noch am Rande erwähnt.

An unseren Universitäten in Deutschland dauert eine Vorlesungsstunde fünfundvierzig Minuten, dort aber fünfzig. Prompt schloss ich nach fünfundvierzig Minuten, sehr zum Erstaunen der Studenten. Das war aber schnell geklärt.

Eine andere Sache betraf die Beurteilung von Klausuren. Wenn ein Student am Ende der für die Klausur festgelegten Zeit einen leeren Zettel abgab, auf dem nur sein Name stand, bekam er bereits einen Punkt. Das wusste ich nicht und habe in einem solchen Fall null Punkte gegeben. Es dauerte nicht lange, bis ich ins Dekanat gerufen wurde. Dort lagen die von mir eingesammelten Arbeiten. Einige davon mit null Punkten bewertet. Dann erklärte man mir das Prinzip, ohne mich zu überzeugen. Aber die Studenten bekamen ihren Punkt, der ihnen laut Studienordnung zustand. Bei einem Studenten, der bei mir null Punkte bekommen hatte, gab es ein Problem. Der Student wollte in den USA weiterstudieren, das ging aber nur, wenn er alle Prüfungen in Klausenburg bestanden hatte. Die Ergebnisse hatte er dort am Studienort in den USA offenbar nachzuweisen. An der schriftlichen Arbeit war nichts mehr zu ändern. Ich fand dann mit dem Dekanat einen Weg, den Studenten mündlich zu prüfen. Das Ergebnis war schwach, aber er bekam die nötige Punktzahl, da es in den anderen Fächern etwas besser aussah. Anderenfalls hätte ich ihm möglicherweise seine Zukunft versaut!

Im Juni 2007 war das Semester zu Ende und ich fuhr nach Hause. Diesmal aber über Frankfurt (Main).

Da das Geld an der Physikalischen Fakultät aufgebraucht war, wurde ich von der Fakultät für Chemie für das kommende Jahr eingeladen. Das Programm passte. Es war nahezu identisch. Ich hatte nur die Vorlesung zur Nano-Technologie auszubauen. Die Vorlesung besuchten jetzt mehr und interessiertere Studenten und auch Mitarbeiter der Chemischen Fakultät.

Ausflüge

Mein Kollege aus der Chemischen Fakultät, der mich in diesem Semester zu betreuen hatte, lud mich gelegentlich zu Ausflügen ein. Die für mich bemerkenswertesten betrafen den Besuch des Schlosses des Grafen WDracula, die Städte Hermannstadt und Kronstadt. Das war dann ein Tagesausflug mit dem Auto und fast so etwas wie eine Bildungsreise. Zuerst fuhren wir nach Hermannstadt und machten einen kleinen Stadtbummel. Die Plätze und die meisten Häuser waren blitzsauber und strahlten im Sonnenschein. Wir aßen und tranken etwas in einem Café. Dann ging es weiter nach Kronstadt. Hier sprachen auch sehr viele Leute Deutsch. Ein kleiner Stadtrundgang machte mich mit der Stadt bekannt. Danach fuhren wir über Bran zum Schloss des Grafen Dracula, des Pfählers.

Den Beinamen hatte er wegen seiner Strenge erhalten. Er hatte zum Beispiel auch Kleinkriminelle pfählen lassen. Sie hatten furchtbar gelitten und waren schließlich verblutet. Auf dem Platz war ein herzzerreißendes Schreien und Stöhnen während der Tortur ertönt. Der Graf hatte die Moral seiner Untertanen durch diese drakonischen Strafen verbessern wollen. Solche Strafen waren aber zu dieser Zeit verbreitet gewesen.

Das Schloss war renoviert und verhältnismäßig klein und sehr praktisch eingerichtet. Auf einer kleinen Anhöhe gelegen, erreichten wir den hinter Bäumen versteckten Burgeingang. Das Auto stellten wir auf einem unterhalb der Burg gelegenen Parkplatz ab. Inmitten des kleinen Schlosshofes befand sich ein Brunnen, der dem Ganzen ein romantisches Ambiente gab.

Alle offenen Balkone zeigten zum Hof hinaus. Nachdem uns die massive Holztür geöffnet worden war, ging es über eine kurze, aber breite Wendeltreppe in die Räume des ersten Stockwerkes. Dort befand sich auch der Eingang zum Verlies. Schließlich erreichten wir im obersten Stockwerk die attraktivsten Räume, das Arbeitszimmer und das Schlafzimmer. Von hier oben hatte man auch einen freien Blick auf die bewaldeten Berge und auf der anderen Seite gönnten wir uns einen Blick auf die Zufahrtsstraße zum Schloss.

Das renovierte Grundstück sollte an einen Investor verkauft werden, der einen Vergnügungspark anlegen wollte. Aber es gab dagegen erheblichen Widerstand. Schließlich war das Ensemble ein weltbekanntes Kulturgut Rumäniens.

Auf der Rückfahrt kehrten wir in ein rustikales Wirtshaus ein, das den Namen »Dracula« trug. Es stand an einem mittelalterlichen Platz, der sich im Laufe der Jahre kaum verändert zu haben schien. In der Mitte des Platzes stand ein Brunnen aus längst vergangenen Zeiten.

Die Wirtin schenkte mir eine Speisekarte, nachdem mein Begleiter sie darum gebeten hatte.

Die Karte erinnert mich ständig an diese historische Stätte. Es gab natürlich hier die auch bei uns üblichen Gerichte und nach Wunsch Rotwein, der das Blut der gepfählten Menschen symbolisieren sollte.

So verbrachten wir den ganzen Tag und ich war erst am späten Abend in meinem Hotelzimmer.

An einem heißen Frühsommertag fuhren wir an einen Salzsee unweit von Klausenburg. Es war in der Tat ein besonderes Erlebnis, im salzgesättigten Wasser zu »schwimmen«. Es waren viele Menschen gekommen. Alles war urwüchsig, kaum, dass eine Holztreppe vorhanden war, die etwa zwei Meter hinunter zum Wasser führte. Der Untergrund war lehmig und gewöhnungsbedürftig. Ein paar hundert Meter weiter befand sich noch ein zweiter, fast ausgetrockneter See. Das Wasser reichte etwa bis zu den Waden, so dass man in dem lehmigen Untergrund gerade noch waten konnte. Nach ein paar Minuten hatte ich mich daran gewöhnt und fand es angenehm. Unter den etwas abseitsstehenden Duschen konnten wir die salzige Kruste abspülen. Anschließend fuhren wir einige Minuten bis zum nächsten Ort, wo wir ein neuerbautes riesiges Einkaufszentrum besuchten. Hier konnten wir uns in angenehmer Atmosphäre erholen. Da das Gebäude auf einem Hügel stand und wir auf der Terrasse saßen, hatten wir einen herrlichen Ausblick auf das Land.

Was mir in und um Klausenburg auffiel, waren einige neue palastartige, riesengroße Einkaufszentren. Sie waren so gebaut, dass darin auch verschiedene Events stattfinden konnten. Die meisten dieser Zentren gehörten Privatleuten. Die ausländischen Einkaufsketten wie Billa und Kaufland nahmen sich dagegen recht bescheiden aus.

Zum Einkaufen ging ich meistens zu Kaufland, es lag direkt am Weg von der Uni ins Hotel. Die Warenpräsentation war der unseren hier sehr ähnlich. Man sprach auch etwas Deutsch oder Englisch.

Etwa zehn Minuten von meinem Hotel entfernt befand sich die Gaststätte »Deutsches Haus«. Die Gaststätte wurde von einem Bayern bewirtschaftet und es wurde auch Deutsch gesprochen. Es herrschte eine beinahe familiäre Atmosphäre. Jeden Sonntagnachmittag spannte der Wirt eine kleine Leinwand auf. Hier konnte man dann fernsehen. Meistens irgendwelche Sportveranstaltungen. Hierzu lud der Wirt Bekannte und Freunde ein, so dass ich nie alleine war. Die meisten Gäste sprachen auch Deutsch.

Fast jeden Sonntag aß ich dort. Das Essen war gut und schmackhaft.

Der Wirt wohnte mit seiner Familie neben der Gaststätte in seinem eigenen Haus, das er gekauft und modernisiert hatte. Die Straße war verkehrsberuhigt und sehr sauber.

Ich ging dort sehr gerne hin. Meist nach dem Schwimmen in der nahe gelegenen Schwimmhalle, die sich etwa gut fünf Minuten vom Hotel entfernt am Rande des Sportparks befand. Auf diese Weise habe ich manches Wochenende verbracht, wenn ich nicht von meinem Kollegen zu einem Ausflug eingeladen wurde.

Ein wesentlicher Grund dafür, dass es mir in Rumänien sehr gut gefallen hat, waren die Ausflüge und die Teilnahme an namentlich zwei Veranstaltungen.

Eines Tages wurde ich gefragt, ob ich mir gemeinsam mit Journalistik-Studenten den Film »Goodbye Lenin« ansehen und hinterher mit ihnen auf Deutsch diskutieren wolle. Die Veranstaltung fand in der ersten Etage unseres Hotels statt. Hier befanden sich die für solche Veranstaltungen passenden Räume. Ich sollte unbedingt Deutsch sprechen, denn die Gruppe besuchte zusätzlich einen Deutschkurs. Das kam mir natürlich sehr entgegen. Ich war aber überrascht, wie gut die Studenten Deutsch sprechen konnten. Eine Studentin erzählte mir, dass sie Landesmeisterin der deutschen Sprache in Ungarn war. Sie wurde Siegerin in einem landesweiten Wettbewerb für deutsche Sprache.

Wir waren eine sehr gemischte Truppe. Wie sich zeigte, waren nicht nur Journalistik-Studenten anwesend. Wir haben dann sehr gut diskutiert und ich habe dabei auch gleich Politunterricht genossen. Wir haben einen halben Tag zusammen verbracht und ich war immer wieder erstaunt über die reifen und freien Meinungsäußerungen der jungen Erwachsenen.

Bei den Diskussionen, die mich auch forderten, habe ich feststellen müssen, dass mir so manches an Wissen fehlte, was ich in dieser Veranstaltung erst erwarb. Ich konnte mich aber nicht ordentlich vorbereiten, weil die Einladung etwas kurzfristig kam und ich keinerlei Material zur Verfügung hatte, abgesehen von dem Film, den ich hier zum ersten Mal sah.

An einem der darauffolgenden Wochenenden wurde ich wieder zu einem Ausflug ins Land eingeladen. Am frühen Vormittag holte mich mein »Betreuer« vom Hotel ab. Es war herrliches Wetter, nachdem es am Tag davor viel geregnet hatte. Heute stand ein Fischessen an einem See auf dem Programm. Als Erstes fuhren wir zu einer Forellenfarm, deren Besitzer von der Fischaufzucht lebte.

Während mein Gastgeber sich um den Einkauf der lebenden Fische kümmerte, hatte ich Zeit, mir die Farm mit den vielen Forellen unterschiedlicher Größe anzusehen. Sie waren der Größe nach sortiert und in unterschiedlichen Becken untergebracht. Es war ein kurzweiliger Zeitvertreib.

In der Nähe floss in zwei bis vier Metern Entfernung ein Bach vorbei, der aber nicht zur Anlage gehörte. Gelegentlich konnte man in ihm auch Forellen finden, die aus der Anlage geflohen waren. Alle Hochachtung! Der eine oder andere Besucher konnte hier ein kostenloses Mittagessen fangen.

Schließlich hatten wir einige Fische gekauft und in einem »Rucksack« verstaut. In ihm wurden sie auch erschlagen.

Dazu muss man wissen, dass mein Gastgeber als passionierter Angler etwas von Fischen und deren Zubereitung verstand.

Nun war ich sehr gespannt, wo die Fahrt hinging. Zunächst ging es in die Berge an einen See in etwa 1500 m Höhe. Nun hatte ich Zeit und Muße, die wunderschöne Landschaft zu betrachten. Schließlich kamen wir an einen Stausee. Am Grunde des Sees stand noch das geflutete Dorf. Wir mieteten uns ein Ruderboot, um auf eine Insel zu gelangen. Es wurde bald dämmerig und am Horizont zogen schwarze Wolken auf, die nichts Gutes verhießen. Die Insel war nicht weit und die Wolken zogen langsamer als befürchtet. Es war schwülwarm, als wir mit dem Einsammeln von Holz für den Scheiterhaufen zum Grillen der Fische fertig waren. Ein verführerischer Geruch erreichte meine Nase und es folgte ein köstliches Mahl. Aber es fing an zu blitzen und zu donnern. Wir mussten wieder zurück. Ich bekam es ein wenig mit der Angst zu tun. Ein Blick auf das Wasser, ein Blick in den Himmel. Plötzlich ein greller Blitz und fast gleichzeitig ein fürchterlicher Donnerschlag, der mich bis ins Mark erschütterte und in den Bergen und an den Wolken mehrfach widerhallte. Krampfhaft hielt ich die Ruder fest.

Das war der heftigste Schlag. Allmählich verzog sich das Gewitter und tobte sich hinter der Insel und dem See aus. Zum Abschied tröpfelte es etwas. Wir hatten inzwischen das Ufer erreicht. Nach einem Kaffee in dem Imbissrestaurant am Seeufer ging es weiter.

Wir fuhren durch ein Dorf, immer die Hauptstraße entlang, als wir mitten in einer Rinderherde landeten. Zu beiden Seiten der Straße liefen die Kühe immer an den Zäunen der angrenzenden Grundstücke entlang. Ein Hirte war nicht zu sehen, aber nach und nach lichteten sich die Reihen, weil eine um die andere Kuh durch die geöffnete Pforte in einem Grundstück verschwand. Sie war zu Hause. Mindestens eine von ihnen stibitzte durch den Maschendrahtzaun eine blühende Pflanze, die sofort in ihrem Maul verschwand. Bald darauf erreichten wir die asphaltierte Straße, auf der wir nach Hause fuhren. So ging ein alles in allem schöner, ereignisreicher Sommertag zu Ende. Es war inzwischen 20.00 Uhr geworden.

Am nächsten Tag, es war Montag, fing die Arbeitswoche wieder an und ich hatte Lehrveranstaltungen. Aber in drei Wochen würde das Semester zu Ende sein und es war nun höchste Zeit, die Heimreise zu organisieren. Vorher musste ich aber noch die Abschlussklausur schreiben lassen, sie auch nachsehen und beurteilen.

Bei einem dieser Ausflüge kamen wir an einem orthodoxen Kloster vorbei. Es befand sich etwa 200 m entfernt von der Straße am Waldrand. Es schien neu zu sein, und das Gold der Dächer glänzte in der Sonne. »Woher haben sie nur das Geld, um sich solch einen Prunkbau leisten zu können?«, fragte ich meinen Gastgeber. Er meinte, dass ein beträchtlicher Teil des Geldes aus Spenden stamme. Die Mentalität der Leute sei so beschaffen, dass sie ihr letztes Geld spendeten und lieber hungerten, damit es der Kirche gut gehe. Bei der Gelegenheit erzählte mir mein Gastgeber, dass zwei Nonnen aus dem Kloster an der Uni Chemie studierten und offensichtlich vom Kloster bezahlt wurden. Was sie nach dem Studium als Chemiker im Kloster tun würden, blieb uns ein Rätsel.

Eines Tages schlug mein Gastgeber vor, eine Wanderung durch eine Klamm zu unternehmen. Kurz bevor wir den schmalen

Weg zwischen den fast fünfhundert Meter aufragenden Felsen betraten, trafen wir auf eine große Schafherde auf den saftigen Wiesen. Die Hunde hatten reichlich zu tun und waren ständig in Bewegung, um die Herde auf Kurs zu halten. »Alle Achtung«, dachte ich bei mir, »das klappt ja prima.« Ich wunderte mich allerdings, dass ein einziger Schäfer so viele Schafe hatte. Das stimme so nicht, meinte mein Gastgeber, denn der Hirte sei eigentlich Unternehmer und sammele bei den Bauern die Schafe am frühen Morgen ein und liefere sie am Abend wieder ab. Je nach Vertrag seien sie dann schon gemolken und der Hirte bringe die Milch mit. Manchmal behalte er die Schafe auch mehrere Tage oder Wochen bei sich. Ein Schafhirte ist kein armer Mann!

Die zu »kommunistischen« Zeiten forcierte Mechanisierung der Landwirtschaft wurde nach der Wende zum Teil wieder rückgängig gemacht. Das hatte im Wesentlichen zwei Gründe.

Durch die Privatisierung wurden viele Flächen zu klein, um die Traktoren effektiv einzusetzen. Vereinzelt gab es allerdings auch Kooperativen.

Der Hauptgrund lag an der Beschaffenheit des Bodens und der Oberfläche. Es waren sehr viele Steine im Boden und es war bergig. Also nahm man wieder wie seit Jahrhunderten Pferde. Es sah für den Außenstehenden sehr romantisch aus, als die tiefstehende Sonne die Szene beleuchtete. Pferd, Pflug und Bauer schienen wie ein Scherenschnitt an den purpurroten Himmel geklebt.

Die anschließende Wanderung durch die Klamm war nicht ungefährlich, da der Weg den Gebirgsbach mehrfach in einigen Metern Höhe überquerte und die kurzen, zum Teil morschen, schmalen Bretter mancher Brücken in schlechtem Zustand waren. Genaues Hinsehen und Balancieren waren stets angebracht.

Der Weg selbst war frei. Das tat aber der Romantik der scheinbar unberührten Natur keinen Abbruch. Gott sei Dank hatte es in den vergangenen Tagen hier nicht geregnet.

Schließlich trafen wir am Ausgang der Klamm zwei Studenten, die mit kompletter Kletterausrüstung einem der vielen, steil aufragenden Felsen zu Leibe rückten. Wir schauten ein Weilchen zu, und als wir gingen, drückte ich den beiden Kletterern die Daumen, damit sie ihr Abenteuer unfallfrei überstehen mögen. Am Ende des Weges trafen wir noch mehrere Spaziergänger. Das Durchwandern der Klamm mit den maroden »Brücken« war ja nicht jedermanns Sache!

Langsam neigte sich auch dieser schöne und interessante Tag seinem Ende zu, und als es dunkel wurde, kam ich erholt, aber müde im Hotel an und ging gleich schlafen.

Am anderen Vormittag hatte ich noch eine Klausur vorzubereiten. Das Semester ging zu Ende und ich musste auch meine Rückreise organisieren. Dieses Mal flog ich nach Frankfurt / Main und von Frankfurt fuhr ich mit dem Zug. Ich war etwa zur gleichen Zeit zu Hause, als wenn ich das Flugzeug benutzt hätte.

Die kurze Geschichte meiner chronischen Erkrankung

Es ist vielleicht Zeit, jetzt darüber zu berichten, wie meine chronische Erkrankung entstanden ist und entdeckt wurde.

In der Schule war wieder einmal die obligatorische Reihenuntersuchung fällig, die alle paar Jahre stattfand.

Wir traten jeweils zu dritt oder viert an und standen mit freiem Oberkörper in einer Reihe. Eine gute Gelegenheit, in der kurzen

Wartezeit die sehr kleinen Zahlen und Buchstaben auf der Tafel, die an der Wand hing, auswendig zu lernen. Die Tafel war sehr wichtig und wurde benutzt, um die Sehschärfe zu bestimmen. Das klappte hervorragend und die Ärztin lobte mich wegen meiner guten Augen.

Etwas anders sah es aus, als sie meinen Brustkorb mit dem Stethoskop abhörte.

Sie war mit den Tönen nicht zufrieden und bestellte mich noch einmal später zu sich in die Praxis. Meine Herzklappen schlossen nicht richtig, diagnostizierte sie. Ich fragte, ob ich weiter Sport machen dürfe. Sie sagte Ja. Darüber war ich heilfroh. Allerdings verschwieg ich ihr, dass es mit meiner Kondition nicht so gut bestellt war. Aber ich erinnere mich, dass die Ärztin mir noch sagte, ich solle mich nicht zu sehr anstrengen. Mit anderen Worten: Wenn es Mühe mache, solle ich aufhören. Damit konnte ich gut leben und daran habe ich mich im Wesentlichen immer gehalten. Trotzdem habe ich an den DDR-Meisterschaften im Geräteturnen der Jugend A Leistungsklasse II teilgenommen, die zum II. Deutschen Turn- und Sportfest in Leipzig zur Eröffnung des Zentralstadions stattfanden. Davor konnte ich mich bei den Kreis- und Bezirksmeisterschaften im Neunkampf platzieren. Folgende Disziplinen waren zu absolvieren: Barren, Ringe, Pferdseit, Pferdsprung, Boden, Reck sowie Weitwurf, Weitsprung und 100-Meter-Lauf!

Ich bin danach regelmäßig zweimal in der Woche zum Studentensport gegangen. In dieser Zeit hatte ich keinerlei gesundheitliche Probleme. Aber ich hatte nach wie vor immer das Gefühl, etwas länger als andere zu benötigen, um mich zu erholen.

Als ich 2008 ein Sommersemester als Gastdozent in Rumänien war und von einem längeren Spaziergang nach Hause in mein Hotel ging, wurde mir plötzlich schwarz vor Augen und ich taumelte.

Mir war schwindelig. Ich bekam einen riesigen Schreck. »Jetzt bloß nicht hinsetzen«, dachte ich.

Ich hatte Angst, dass ich dann nicht mehr würde aufstehen können. Nach ein paar Minuten ging es besser, aber ich war immer noch ängstlich. Am darauffolgenden Tag ging es mir gut und ich konnte wie gewohnt arbeiten.

Sechs Jahre später hat man dann festgestellt, dass ich im linken Bein einen Infarkt hatte. Schließlich bin ich beim Internisten gelandet, der auf Herz-Kreislauf-Erkrankungen spezialisiert war. Ich kannte ihn aus meiner Berufstätigkeit. Wir betreiben jetzt Infarktprophylaxe. Er wollte mir anfänglich einen Herzschrittmacher implantieren lassen. Nach eigener Recherche habe ich das abgelehnt, weil nicht alle Symptome passten!

Mit Betablockern und Verbesserung der Fließfähigkeit des Blutes haben wir es schließlich bis jetzt in den Griff bekommen.

Etwas Sport mache ich zwar noch (Schwimmen, Radfahren und Gymnastik), aber nicht mehr intensiv. Hinzu gesellte sich ein Verschluss des Wirbelkanals einiger Lendenwirbel. Das behindert mich beim Laufen und schränkt meine Beweglichkeit ein. Man kann das zwar operieren, aber das Ergebnis wäre völlig offen. Ich habe es also nicht machen lassen, noch nicht!

Aus heutiger Sicht habe ich sicher sehr viel Glück gehabt und im Nachhinein vor der damaligen Schulärztin großen Respekt. Sie hat offensichtlich die richtige Diagnose mit sehr einfachen Mitteln gestellt. Die Ursache dieser Erkrankung, die schließlich zu Rhythmusstörungen und zu Vorhofflimmern führte, lässt sich auf das Frühjahr 1947 zurückverfolgen.

Als ich im Frühjahr 1947 nach vier Wochen Diphterie aus dem Krankenhaus entlassen wurde, rannte ich vor lauter Freude und Übermut sofort los zur Straßenbahnhaltestelle. Ich konnte mich gerade noch an der Befestigung des Schildes festhalten. Mir wurde schwindelig und ich hatte Mühe, mich auf den Beinen zu halten. Als meine Mutter um die Ecke kam, musste ich eine »Gardinenpredigt« über mich ergehen lassen. Hatte doch der Arzt beim Entlassungsgespräch ausdrücklich darauf hingewiesen, dass ich mich in den nächsten Wochen noch schonen müsse. Etwas taumelig stieg ich in die Bahn.

An diese Begebenheit erinnere ich mich sehr deutlich und auch an den Tag, als die Untersuchung in der Schule stattfand.

Ich ging aber bis vor kurzem noch wöchentlich zum Schwimmen und mache täglich zirka 30 Minuten Frühsport.

Mit gespannter Freude warte ich immer auf das Frühjahr, auf wärmere Tage, um wieder Rad fahren zu können.

Meine Söhne Dr. med. Markus Hein und Zahnarzt Stephan Hein

Mein ältester Sohn Markus studierte Medizin an der Universität Halle und schloss das Studium mit der Promotion und einigen Publikationen ab. Er war für die Medizin begabt und wäre ein sehr guter Chirurg geworden, wie mir Kollegen erzählten. Leider bekam er eine Latex-Allergie, die es ihm nicht erlaubte, OP-Handschuhe zu tragen. Zum Abschluss seines Studiums erhielt er als Anerkennung für seine Leistungen die Martin-Luther-Medaille.

Heute ist er Facharzt für Allgemeinmedizin, Chirotherapie, Sportmedizin und Naturheilverfahren in eigener Niederlassung.

Mit Luther-Medaille geehrt

Dr. Markus Hein (rechts) wurde mit der Luther-Medaille ausgezeichnet, die der Rektor der Universität (links) im Rahmen einer festlichen Senatssitzung überreichte. Der Dekan der Medizinischen Fakultät, Prof. Dr. Friedrich-Wilhelm Rath (Mitte) gratulierte sehr herzlich zu dieser Ehrung.   Foto: Tintemann

Bild 13: Markus erhält die Luther-Medaille aus der Hand des Dekans. Links der Rektor Prof. Dr. G. Berg, Mitte Dekan Prof. Dr. Rath, rechts Dr. Markus Hein.

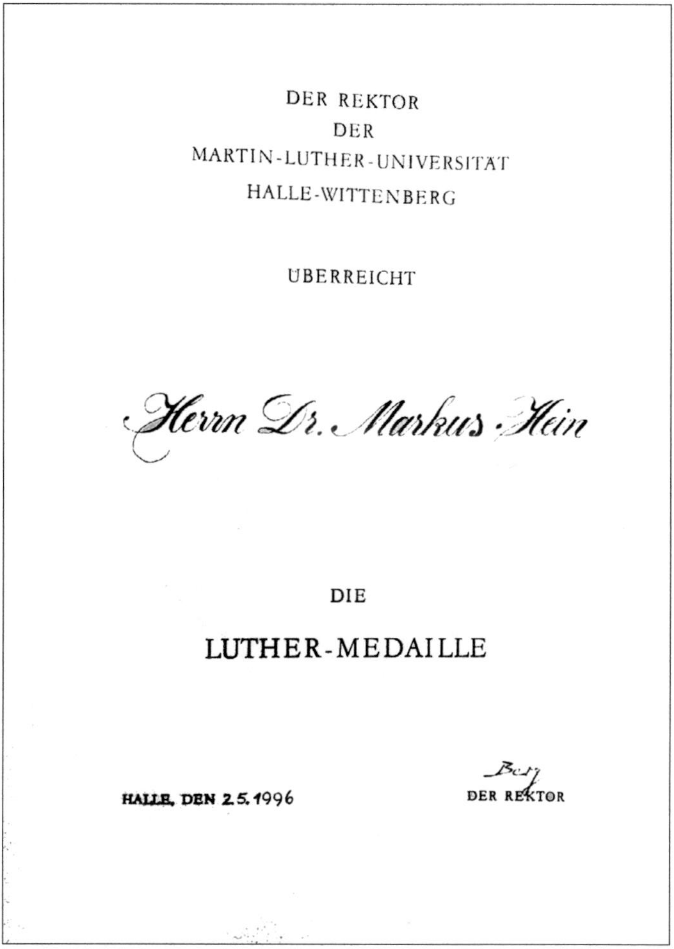

> DER REKTOR
> DER
> MARTIN-LUTHER-UNIVERSITÄT
> HALLE-WITTENBERG
>
> ÜBERREICHT
>
> *Herrn Dr. Markus Hein*
>
> DIE
>
> **LUTHER-MEDAILLE**
>
> HALLE, DEN 2.5.1996   DER REKTOR

Bild 14: Urkunde zur Medaille.

Mein Sohn Zahnarzt Stephan Hein

Stephan hat an der Martin-Luther-Universität Halle Zahnmedizin studiert und arbeitet in eigener Niederlassung. Er ist handwerklich sehr begabt und hat den richtigen Beruf, in dem er auch seine handwerkliche Begabung ausleben kann.

Das Sommerhaus

Von einem Sportkollegen erfuhr ich 1973, dass in seinem Heimatdorf, reichlich zwanzig Kilometer von unserer Wohnung in Halle entfernt, Grundstücke zu sehr günstigen Konditionen zu verkaufen waren. Wir sahen uns das an und kauften. Auf einem stand eine alte Wassermühle, die über einem Bach betrieben worden war. Sie war schon vor Jahren stillgelegt und der Mühlengraben zugeschüttet worden. Wir fanden in der Nähe der Ruine einen Bruchstein, auf dem die Jahreszahl 1736 eingraviert war. Das Wappen war nicht mehr vollständig erkennbar. Die entsprechenden Papiere waren im zuständigen Kirchenamt vorhanden. Sehr beeindruckend war die über einhundertjährige Besitzurkunde vom Preußischen Katasteramt mit Siegel vom Ende des 19. Jahrhunderts. Das Haus war mit handgefertigten Ziegeln gedeckt. Die durch die Finger der Arbeiter vor dem Brennen erzeugten Riefen waren deutlich zu erkennen. Etwa 90 % der Ziegel waren noch verwendbar. Sie waren fast drei Zentimeter dick. Es waren sogenannte »Biberschwänze«, eine häufig verwendete Form.

In der Zimmerdecke waren unter dem Putz einige Silbermünzen von je einer Reichsmark versteckt. Ein »uralter« Zeitungsrest war noch lesbar erhalten. In dem lesbaren Text wurde der Rheinübergang von Blücher während des Napoleonischen Krieges detailliert beschrieben. Es war richtig spannend.

Das Häuschen haben wir etwas umgebaut und verkleinert.
Wir konnten einen sehr erfahrenen Maurerpolier aus dem Dorf für diese Arbeiten gewinnen. Er war ein ausgewiesener Fachmann auf dem Gebiet der Bruch- und Natursteine. Während des 2.Weltkrieges war er an den Westwall abkommandiert worden, um als Polier an den Anlagen mitzubauen.

Der Sockel für das Fachwerk wurde in hoher Qualität errichtet. Der Polier wollte nur fünf Mark pro Stunde! Er war schließlich auch persönlich sehr daran interessiert, das Haus zu erhalten.

Dort, wo es möglich war, haben wir die Balken des Fachwerkes so belassen, wie wir es vorgefunden haben. Die senkrechten Stützbalken konnten wir nicht bearbeiten. Sie waren zu hart! Selbst eine Säge wurde sehr schnell stumpf und ritzte das Holz nur an. Außerdem waren die Balken gegen Insektenbefall hervorragend geschützt, dem Augenschein nach durch Feuerbehandlung! Ich konnte nicht ein einziges Einflugloch entdecken und habe auch nicht einen einzigen Nagel einschlagen können.

Anekdoten der Kinder

Stephan und der Erpel
Es war Ende April und es war für das Wochenende schönes,

sonniges Wetter angesagt. Was lag also näher, als mit der Familie auf unser Grundstück ins Gartenhaus zu fahren?

Auch die Kinder waren einverstanden und freuten sich sehr. Kurz nach dem Mittagessen ging es los. Wir brauchten für die Strecke nur reichlich eine halbe Stunde. Es war angenehm warm und die Sonne schien, nur manchmal unterbrochen durch die weißen Wölkchen, die am blauen Himmel dahinsegelten.

Wir bauten unseren »Kaffeetisch« auf der Terrasse auf. Von hier aus sah man auf die etwa zwei Meter unter uns liegende Wiese, die irgendwo im Brachland endet. Rechter Hand befand sich ein kleiner natürlicher Teich. Er war umwachsen mit allerlei Pflanzen, so dass er kaum zu sehen war. Etwa 100 Jahre zuvor hatte sich dort ein Karpfenteich befunden! Wir redeten über Gott und die Welt. Stephan, unser Jüngster, war vielleicht fünf Jahre alt. Er entdeckte als Erster eine Ente, die sich durch das Gestrüpp einen Weg auf die Wiese bahnte. Wir trauten unseren Augen nicht, als dicht hinter ihr ein Küken folgte und dann noch eines und noch eines und so weiter, alle im gleichen Abstand. Es sah richtig lustig aus, wie sie ihre Beinchen schwangen. Fast im »Stechschritt«. Die Ente gab den Takt und die Geschwindigkeit vor. Stephan schaute gebannt auf den Auftritt, bereit, loszulaufen, um sie einzufangen. Plötzlich schwebte der Chef, ein wunderschöner Erpel, ein. Er war sehr geschmackvoll befiedert und lief nebenher. Er beäugte sehr aufmerksam unsere Runde auf der Terrasse. Auf einmal wurden wir Zeugen eines perfekten Schauspiels, denn der Erpel tat so, als sei er verletzt. Er zog sein linkes Bein nach und sein linker abgespreizter Flügel rutschte auf dem Gras entlang. Wenn man genau hinsah, bemerkte man, dass der Erpel uns unablässig beobachtete. Für Stephan gab es kein Halten mehr. »Den fange ich«, sprach's und schlich leicht gebückt, jede Deckung nutzend, auf den Vogel zu. Als er kurz hinter ihm war und sich bückte, um ihn zu fassen, flog der Erpel in eleganter Pose und, wie es schien, kerngesund davon. Stephan war so erschrocken, dass er noch einige Sekundenbruchteile in dieser gebückten Stellung verharrte. Es sah so komisch aus, dass wir alle herzlich lachten. Stephan knurrte: »Aber das nächste Mal werde ich ihn fangen! Versprochen!« Typisch Stephan, immer voller Tatendrang und Überzeugung. Das kam auch bei vielen anderen Gelegenheiten zum Ausdruck.

Wo aber war die Ente mit ihren Kindern geblieben? Sie waren und blieben für uns verschwunden. Der Erpel hat sie aus der Luft sicher wiedergefunden und konnte sie trickreich weiter beschützen.

Während eines Waldspazierganges schien es uns, dass wir kurz vor einer Waldlichtung standen. Bei genauerem Hinsehen entpuppte sich die Lücke als ein Windbruchfeld. Die Bäume lagen kreuz und quer in einem flachen Talkessel. Teils entwurzelt, teils abgeknickt. Stephan sah es, und sein Kommentar, mit in die Hüften gestemmten Ellenbogen und den Kopf schüttelnd: »Das schaffen die nie im Leben, alles wieder aufzuräumen.«

Als Stephan vielleicht drei oder vier Jahre alt war, ging ich mit ihm in den Wald. Wir kamen an einen Baum, der morsch war. Vor lauter Übermut stieß ich ihn um. Er fiel krachend zu Boden. Der Kleine war hellauf begeistert und kurzzeitig sehr stolz auf seinen Vater. Er lief voran und rief ein paar Mal: »Jetzt den und jetzt den …« Aber die von ihm ausgesuchten Bäume standen allesamt in vollem Saft. Ich weiß nicht mehr, wie ich es ihm erklärt habe, dass es nicht ging. Überzeugt habe ich ihn sicher nicht.

Er kam aus dem Bad. Der Fernseher lief und es gab die Nachrichten. Der Papst sei gestorben. Man sah, wie sein Sarg durch die Haustür getragen wurde. Mein Sohn sah es und rief: »Was, so ein kleiner Schrank und so viele Leute?« Es waren sechs Männer, die den Sarg trugen.

Apropos Fernsehen:
Es lief wieder einmal der Abspann eines Filmes, als Stephan plötzlich nachdenklich fragte: »Warum spielt eigentlich »Regie« bei jedem Film mit?«

Als bei uns in der DDR die ersten Farbfernsehgeräte auf den Markt kamen, ging Stephan noch in den Kindergarten. Die Geräte waren sehr teuer und die Farben waren schlecht dargestellt. Solch ein Fernseher kam für uns nicht in Frage. Wir haben das Thema aber trotzdem mit den Kindern diskutiert, um ihre Meinung zu hören. Der Jüngere hatte eine feste Meinung. »Wozu Farbfernsehen? Was ist Farbfernsehen überhaupt? Ich sehe die Farben doch auf unserem Fernsehgerät.« Wir erklärten es ihm. Es lief gerade der Sandmann. »Na, dann erzähle uns doch mal, welche Farben du siehst.« Ich habe nicht schlecht gestaunt, als er anfing, die Farben, so wie er sie sah, bis ins Detail zu beschreiben.

Wenn es noch einer Entscheidung bedurft hätte, damit war sie gefallen.

Ein gutes Schwarzweiß-Bild ist eben allemal besser als ein schlechtes Farbbild!

Eines frühen Morgens kam Stephan aufgeregt von der Toilette. Er musste durch unser Schlafzimmer und fragte, warum wir das Wohnzimmer mit Wasser gefüllt hätten.

Bild 15: Markus und Stephan beim Spielen auf unserem Grundstück (1975).

Ich kann mich nicht erinnern, jemals so schnell aus dem Bett gesprungen zu sein. Als ich die Schwelle zum Wohnzimmer überschritt, rutschte ich aus und fiel der Länge nach ins Wasser, das bis zur Türschwelle im Wohnzimmer stand.

Wir hatten tags zuvor den Klempner im Haus gehabt und der hatte gepfuscht. Gott sei Dank entstand kein großer Schaden, da ein großer Teil des aus der defekten Leitung austretenden Wassers durch ein Rohr in die Badewanne des unter uns wohnenden Mieters abfloss. Außerdem hatten wir, der Mode der Zeit geschuldet, entsprechend »hochbeinige« Möbel.

Nachruf für meine Mutter

Nun sind schon über zweiunddreißig Jahre nach ihrem Tod vergangen. Je mehr Zeit vergeht, desto öfter muss ich an sie denken. Sie war gewiss keine Heldin, aber mit Sicherheit eine tapfere Frau wie viele andere zu ihrer Zeit. Aber sie war meine Mutter, die meine Schwester und mich durch die schwere Zeit des zu Ende gehenden Krieges und der komplizierten, oft orientierungslosen Phase nach dem Krieg gebracht hat. Unsere Mutter war zweifellos begabt, hat aber kaum über sich, ihre Jugend, ihre Wünsche und Träume erzählt. Vielleicht, weil sie es einfach nicht für erwähnenswert hielt.

Sie war das einzige Kind des Schuhmachermeisters Otto Lenz in Zechin (Kreis Letschin) im Oderbruch. Es war für sie sicher die glücklichste Zeit ihres Lebens. Da sie Klavier spielte, gab es zu Hause öfter eine kleine Hausmusik, wie ich aus Erzählungen weiß! Ihr Vater spielte Geige. Ganz nebenbei erzählte sie mir, dass sie bei einer Stummfilmaufführung den Vorführer auf dem Klavier begleitete. Später hatte sie gleich nach Ende des Krieges mit dem Klavierspielen auch neben der Schneiderei unseren Familienetat aufgebessert. Als alleinerziehende Mutter zweier Kinder durchlebte sie eine sehr schwere Zeit. Unser ganzes Hab und Gut transportierten wir auf der Flucht im Kinderwagen und in einem mittelgroßen Koffer.

Wir flüchteten mit dem letzten Zug, der Frankfurt verließ und uns nach Schleswig/Holstein zu Bekannten meiner Tante brachte. In Barmstedt bei Elmshorn warteten wir auf das Ende des Krieges.

Meine Mutter nähte für die Offiziersfrauen der Engländer und fertigte Puppenkleider an, so dass wir ein bescheidenes Auskommen hatten. Wie sie das gemacht hat, ist mir bis heute rätselhaft geblieben.

Meine Mutter und auch die anderen Flüchtlinge hatten großes Heimweh. Der erste Versuch einer Heimreise misslang. Erst im Frühsommer 1946 kamen wir nach Frankfurt/Oder. Die Dammvorstadt war polnisch und hieß jetzt Slubice.

Es gelang meiner Mutter, mich noch für September 1946 in der Schule anzumelden. Das war sehr wichtig. Dank der Vielseitigkeit meiner Mutter gab es mit der Kleidung keine Probleme. Wir hatten durch ihr Klavierspielen in der im Erdgeschoss unseres Hauses befindlichen Gaststätte ein Zubrot. Schließlich wurde sie für 150 Mark pro Monat als Serviererin eingestellt. Das war, vor allem für den Wirt, sehr lukrativ.

Als wir wieder in Frankfurt waren, verkaufte meine Mutter ihr Grundstück in Zechin, auf dem ihr Elternhaus nur noch als Ruine stand. Von dem Erlös kaufte sie eine Nähmaschine. Es fiel ihr nicht leicht und sie hat lange gezögert, aber es war eine gute Entscheidung, wie sich zeigte.

Mein Vater galt als vermisst. Meine Schwester und ich waren Halbwaisen, wie es damals hieß. Meine Mutter hatte vergeblich einen Suchantrag beim Deutschen Roten Kreuz gestellt. Erst 2001 erhielt ich einen Brief von der Kriegsgräberfürsorge mit der Nachricht, dass mein Vater am 30. Oktober 1944 im Kriegsgefangenenlager Wolsk des Gebietes Saratow an der Wolga gestorben war. Meine Mutter hat es nie erfahren, aber bis zu ihrem letzten Tag gehofft, ihn noch einmal wiederzusehen!

Meine Nichte erzählte mir, dass meine Mutter ihn bis zu ihrem Tod geliebt hat.

Nach Lehrgängen in Crimmitschau übernahm sie 1952 eine Gaststätte im Stadtteil Beresinchen in Frankfurt/Oder. Die Gaststätte, die sie übernahm, war zu Fuß nur reichlich zehn Minuten von unserer Wohnung entfernt.

Sie erhielt auch andere attraktive Arbeitsangebote im Gaststättenwesen, allerdings weit entfernt von Frankfurt. Für uns Kinder hatte der Schulwechsel noch andere Konsequenzen. Die Ortswechsel bedeuteten ja immer den Verlust von Freunden. Vor allem die Ortswechsel nach Stendal und später nach Gommern bei Magdeburg hatten es in sich. Aber diese Lebensweise hatte auch zur Folge, dass ich lernte, flexibel zu sein.

Wir hatten in Stendal als Dienstwohnung ein eigenes Haus, in dem die Gaststätte und ein kleiner Saal sowie ein Bierkeller untergebracht waren. Das Anwesen befand sich in einem kleinen Park am Rande der Stadt.

Meine Mutter sorgte dafür, dass wir auch Hausmusik machten. Sie spielte Klavier, ihr Freund Geige und ich habe dazu gesungen!

Dazu muss ich sagen, dass meine Mutter sehr großzügig hinsichtlich meiner »Sangeskunst« war. Ich denke noch sehr gerne an diese Zeit zurück. Obwohl sie hart zu arbeiten hatte, gab es mindestens einmal in der Woche die »kleine Hausmusik«.

Zurück bleibt mir, auch aus heutiger Sicht, größte Hochachtung für meine alleinerziehende Mutter.

Schließlich musste sie aus gesundheitlichen Gründen ihren Beruf aufgeben. Bis zur Rente leitete sie dann in Gommern ein Geschäft für Haushaltwaren und arbeitete sich schnell in die neue Aufgabe ein.

Bild.16: Meine Mutter in »ihrem« Geschäft in Gommern.

Ich war zu dieser Zeit wissenschaftlicher Assistent an der Uni in Halle und kam sie meist nur an den Wochenenden besuchen, in den 70er Jahren mit Familie. Das war dann immer nur für einen Tag. Meine Schwester heiratete 1964 ins Erzgebirge, so dass sie selten nach Hause zur Mutti fuhr. Um nicht allein zu leben, heiratete meine Mutter noch einmal. Doch nach fünf Jahren starb ihr Mann und sie war wieder allein.

In den ihr verbleibenden Jahren unternahm sie Ausflüge mit ihrer Freundin in Gommern und besuchte eine sehr gute Freundin aus ihrer Jugendzeit, die inzwischen in Bad Pyrmont wohnte. Die Grenze konnte sie als Rentnerin passieren. Sie fuhr sehr gerne zu ihr, weil sie dort das relativ luxuriöse Leben kennenlernen konnte. Das mochte sie sehr. Es äußerte sich auch darin, dass sie sich im Fernsehen leidenschaftlich gerne Bälle und Festlichkeiten, vor allem des Adels, ansah. Sie begeisterte sich vor allem an der Garderobe, denn dafür hatte sie ein fachkundiges Auge. Sie fand es einfach schön.

Als wir sie zu Weihnachten 1983 besuchten, erzählte sie voller Stolz, dass der Arzt ihren Blutdruck jetzt auf einen normalen Wert eingestellt habe, nämlich auf etwa 130 mmHg von vorher bis zu 200 mmHg. Gleichzeitig machte sie sich Sorgen, weil sie immer ein Kribbeln in den Fingerspitzen spürte. Ich konnte sie beruhigen und sagte ihr, sie möge es dem Doktor mitteilen. Tatsächlich habe ich aber einen Schreck bekommen, denn das war im Zusammenhang mit dem plötzlich vergleichsweise sehr niedrigen Blutdruck ein Zeichen für die akute Gefahr eines Schlaganfalls. Das habe ich ihr aber nicht gesagt, schließlich war sie ja in ärztlicher Behandlung und hatte ohnehin in den nächsten Tagen einen Termin.

Etwa drei Wochen später bekam ich einen Anruf aus dem Krankenhaus mit der Nachricht, dass meine Mutter einen Schlaganfall erlitten hätte und es ihr schlecht ginge.

Sie hat sich davon nicht mehr erholt und starb ein paar Tage später, am 3. Februar 1984.

Meine Grabstelle

In der wärmeren Jahreszeit fahre ich gelegentlich zum Friedhof auf dem Stadtgottesacker in Halle, um den Ort meines letzten Umzuges bzw. meiner definitiv letzten Ortsveränderung aufzusuchen. Dort werde ich dann auf der Bank in der lebenden Welt sitzen und träumen.

Immerhin, der Stadtgottesacker ist der einzige Renaissancefriedhof nördlich der Alpen.

Neulich las ich in unserer Tageszeitung, dass im Mai 1570 die Ahnin von vier europäischen Königshäusern (Spanien, Belgien, Schweden und Norwegen) auf diesem Friedhof bestattet wurde.

2013 habe ich mir persönlich einen Begräbnisplatz für zehn Jahre gemietet und ein Grabmal gekauft.

Am Ende das Grab

2013 habe ich mir, wie oben erwähnt, eine Grabstelle gemietet und ein Grabmal aus schwarzem, schwedischen Marmor gekauft.

Die Inschrift auf meinem Grabmal lautet:

»Sic transit Gloria Mundi«

Du bist, was ich war. Du wirst sein, was ich bin.

Memento mori

Ich habe mir das Grabmal angesehen und ich finde, es ist gut gelungen.
    Für den Fall, dass ich die Dauer des Mietvertrages überlebe, hat man mir die Möglichkeit eingeräumt, den Mietvertrag zu verlängern.

Ich hätte mir gewünscht, dass meine Familie mich besser gekannt hätte!

Quellenverzeichnis

Mitteldeutsche Zeitung, 19.6.1992
Hallesches Tageblatt, 14.10.1992
Hallesches Tageblatt, 12.11.1992
Mitteldeutsche Zeitung, 17.3.1993
Mitteldeutsche Zeitung, 27.4. 1993
Mitteldeutsche Zeitung, 25.9.1993
Mitteldeutsche Zeitung, 13.10.1993
Der Spiegel, 33/1992
Die Zeit, Nr. 4 1992
Universitätszeitung 15.11.1993
Hans-Jürgen Mest: Die missbrauchte Kommission (Biografie), 2011, Edition Fischer
Privatfotos und Fotos der Hochschulbildstelle der Martin-Luther-Universität Halle